SEÑALES EN EL CAMINO PARA LA TRAVESÍA

VOLUMEN UNO: REFLEXIONES DE UN LÍDER SIERVO SOBRE MOISÉS, MINISTERIO, DINERO, Y DEMÁS…

SEÑALES EN EL CAMINO PARA LA TRAVESÍA

VOLUMEN UNO: REFLEXIONES DE UN LÍDER SIERVO SOBRE MOISÉS, MINISTERIO, DINERO, Y DEMÁS…

JON BYLER

LeadersServe

www.LeadersServe.com

SEÑALES EN EL CAMINO PARA LA TRAVESÍA

VOLUMEN I

Jon Byler

Copyright © 2018 Global Disciples

Spanish Edition

ISBN-10: 0-9770085-8-4

ISBN-13: 978-0-9770085-8-2

Publicado por LeadersServe

www.LeadersServe.com

Publicado por LeadersServe

www.LeadersServe.com

El Diseño de portada, arte interior, el dibujo de las señales del camino, por Rachel Byler © thecolorfulcatstudio 2013

DEDICACIÓN

Este libro está dedicado a mis héroes, pastores y líderes de iglesias en el mundo en desarrollo que valientemente están avanzando con un patrón de liderazgo totalmente nuevo. Su valor para seguir el ejemplo de Jesús, incluso cuando se ven confrontados con su cultura, ellos son una inspiración para mí. Sus historias de fidelidad fortalecen mi alma y me sentiría complacido al lavar sus pies para animarles en el camino. Que estos capítulos le den fuerza y esperanza para esta travesía y sean señales que le muestren cada vez más el ejemplo de Jesús.

Contenido

INTRODUCCIÓN

Me apasiona el liderazgo y he dedicado mi vida a ser el mejor líder que puedo ser y desarrollar a otros de todas las formas posibles. Aprender a liderar como Jesús es una travesía para toda la vida de crecer en el conocimiento de lo que significa Su modelo de liderazgo para las situaciones de la vida. Aun después de 20 años de estar enfocado en este tema, continuamente estoy aprendiendo mientras reflexiono sobre lo que enseña la Escritura, al observar a otros líderes a mí alrededor y al leer lo que otros han escrito.

Cada uno de nosotros está en una travesía similar. Algunos de ustedes llevan mucho más tiempo que yo; otros apenas están iniciando. Algunos están involucrados en el liderazgo de la iglesia; otros sirven en negocios o su profesión. Todos nosotros tenemos áreas de influencia que Dios nos ha confiado de forma única. Crecer como líder es simplemente ser un fiel administrador de la influencia que Él, en Su gracia, nos permitió ejercer. A medida que crecemos en la travesía, le damos mayor gloria y cumplimos más plenamente todo lo que Él pretende que seamos y hagamos.

Al leer este libro piense en las señales para la travesía. Estas revelan el camino a seguir, a menudo con opciones que conducen a diferentes destinos. Nuestra travesía en el liderazgo también está lleno de opciones diarias de cómo ejercemos nuestra influencia. Cada decisión puede llevarnos en la dirección de convertirse en un líder siervo más semejante a Jesús o un líder egoísta siguiendo nuestro propio camino. Es fácil elegir el camino que se siente más natural para nosotros o que hemos visto modelar a otros. Se necesita valor para elegir el camino del liderazgo de servicio.

Cada una de las señales en este libro proporciona aliento para tomar las decisiones que nos mueven en la dirección del liderazgo de servicio. Cada capítulo toca un área específica de liderazgo y nos llama a aprender más sobre cómo liderar como siervos, semejantes a Jesús.

Camine lentamente en esta travesía, reflexionando cuidadosamente sobre lo que revelan estas señales. Tómese varios días o una semana con cada capítulo, léalos varias veces y dedique algo de tiempo a escribir las respuestas a las preguntas de reflexión para la aplicación personal. Tómese más tiempo con aquellos que requieren más acción de su parte. Si puede realizar esta travesía con un grupo, puede ser una experiencia aún más poderosa a medida que comparte y se responsabilizan mutuamente por el crecimiento continuo.

Estas reflexiones se distribuyeron originalmente como boletines quincenales, *Reflections for Servant Leaders (Reflexiones para Lideres Siervos)*, y ahora se publican en formato de libro y electrónicamente. Reconozco con gratitud el arduo trabajo de Gabriel Madrazo, Roxana Villagomez, y Estevan Gonzales quienes pasaron horas preparando este volumen para su publicación. También agradezco a Rachel Byler, mi nuera, por su trabajo creativo en el diseño de la portada.

Disfrute de las señales en este volumen mientras reflexiona sobre lo que significa ser audaz pero humilde; aprenda de la vida y el liderazgo de Moisés, descubra la lista de verificación de calidad utilizada por Pablo y piense cómo es el liderazgo de servicio en el hogar.

Tuyo en el viaje,

Jon Byler

1. LÁTIGOS Y VASIJAS

Jesús, el líder más grande que el mundo haya conocido, tomó látigo y expulsó a los mercaderes del templo. *Jesús entró en el área general del templo; y echó de allí a todos los que compraban y vendían. Volcó las mesas de los que cambiaban dinero y los puestos de los que vendían palomas. «Escrito está —les dijo—: "Mi casa será llamada casa de oración"; pero ustedes la están convirtiendo en "cueva de ladrones"* (Mateo 21: 12-13). Más tarde se sentó con Sus discípulos y tomó una toalla y una vasija para mostrarles una imagen del liderazgo de servicio. *Luego echó agua en un recipiente y comenzó a lavarles los pies a sus discípulos y a secárselos con la toalla que llevaba a la cintura* (Juan 13: 5). ¿Cómo podrían las manos de Jesús sostener un látigo y luego humildemente lavar los pies?

Esta es una paradoja con la cual lucharemos todos los que queramos liderar como Jesús. Por un lado, los líderes cristianos escuchan el llamado a demostrar un liderazgo de "servicio", que a menudo implica un liderazgo pasivo por consenso. Otras voces piden urgentemente acción y liderazgo "audaz". ¿Qué vamos a hacer con estos llamados que son aparentemente contradictorios tomando en cuenta el ejemplo de Jesús? ¿Qué significa realmente ser un líder siervo?

Los líderes siervos lideran con fuerza. La acción de Jesús con el látigo parece radical, extrema, y opuesta a todo lo que asociamos con el liderazgo de servicio. Equivocadamente asumimos que los líderes siervos no son líderes fuertes y por lo tanto, cualquier demostración de fortaleza está equivocada. Este pensamiento produce líderes débiles que tienen miedo de usar su autoridad otorgada por Dios. Pero Jesús no puede ser llamado un líder débil, en este acto, demostró un liderazgo valiente y audaz. Jesús no estaba contento de permitir que los hombres hicieran mal uso de lo que Dios quería que fuera. Él no se quedaría sin actuar. Los líderes siervos también son llamados a cambiar su mundo con un liderazgo fuerte y efectivo. Nuestros hogares, nuestras iglesias, nuestros negocios o profesiones necesitan un liderazgo fuerte. Los errores deben corregirse y estamos llamados a liderar con fortaleza.

Los líderes siervos tienen un corazón de servicio. Detrás del látigo, ¿Qué había en el corazón de Jesús? Él no tenía una actitud farisaica alborotadora. No tenía motivaciones egoístas. Él no estaba buscando publicidad o tratando de hacerse famoso. Más bien, se enfrentaba audazmente a un error obvio y usaba su autoridad para servir a los demás, no a sí mismo. Su acto debe ser entendido a la luz de Su corazón y Él claramente tenía un corazón para servir. Mientras se inclinaba para lavar los pies de Sus discípulos, Él reveló que Su corazón era el de un líder siervo. El motivo de un líder siervo es muy diferente, incluso cuando las acciones externas se parecen a lo que otros líderes están haciendo. Están llamados a servir con la humildad de Jesús.

Los líderes siervos equilibran la fuerza y el servicio. Jesús encontró el perfecto equilibrio entre acciones audaces y valientes con un corazón de siervo. Al hacer esto, definió el liderazgo de siervo basado en dos componentes igualmente importantes: liderazgo y servicio. Uno sin el otro no sería adecuado. Algunos líderes son poderosos y actúan, pero sus corazones no son humildes. ¡Otros tienen el corazón de un siervo pero no actúan! El ejemplo de Jesús requiere ambos. ¡Los líderes siervos están llamados a liderar! Deben ser audaces y valientes. Al mismo tiempo, su corazón debe estar enfocado en las necesidades de los demás en lugar de sus propias necesidades. Reconocen fácilmente que su tendencia es usar un látigo cuando su propia agenda está siendo atacada, cuando sus propias inseguridades han estado expuestas, o cuando quieren demostrar autoridad. Se dan cuenta de que en estas situaciones el enfoque está en sí mismo, no en los demás, y su liderazgo es egoísta, no es un liderazgo de servicio. Un látigo sin el corazón de un siervo solo dejará heridas en aquellos a quienes expulsa. Pero en manos de un siervo, el látigo puede traer un cambio piadoso.

Discernir los motivos con un corazón que sea desesperadamente perverso no es nada fácil. Pero Jesús era completamente humano y conoce nuestras debilidades. Aun así, Él nos llama a seguir su ejemplo de liderar con el corazón de siervo...incluso cuando eso significa levantar el látigo. El látigo es un acto de liderazgo; la vasija refleja el corazón del liderazgo. En los siguientes capítulos analizaremos más de cerca este tema al considerar lo que significa tener una humildad audaz.

Para mayor reflexión y discusión:

1. ¿De qué maneras he confundido un liderazgo fuerte y un liderazgo de servicio?

2. ¿Es más natural para mí liderar con audacia o liderar con servicio?

   ¿Cuál es el resultado?

3. ¿Permito que las expectativas de liderazgo de los demás moldeen mi obediencia al ejemplo de Jesús?

4. ¿En qué otros ejemplos bíblicos puedo pensar donde los líderes utilizaron "látigo"?

¿El resultado fue positivo o negativo?

2. EJEMPLO DE HUMILDAD AUDAZ: JESÚS

En alguna ocasión, Jesús audazmente tomó un látigo y expulsó a los mercaderes del templo. Luego, en otra ocasión, humildemente lavó los pies de sus discípulos. Entonces, ¿qué vamos a hacer, lavar los pies o usar un látigo? El ejemplo de Jesús nos exhorta a balancear ambas áreas en lo que llamaré "humildad audaz". En este capítulo, continuaré mirando la vida de Jesús mientras demuestra humildad audaz. En los siguientes capítulos, examinaremos otros perfiles bíblicos que demuestran humildad audaz.

La palabra "siervo" a menudo se malinterpreta como que significa debilidad y falta de seguridad. Se espera que los siervos hagan lo que otros desean. Los líderes que entienden el servicio de esta forma son personas que aman genuinamente a los demás, tienen un corazón de oro y están listos para hacer lo que se les pida. Pero no tienen el valor necesario para liderar con audacia y como resultado, no sucede mucho. Esto puede ser un servicio, ¡pero no es un liderazgo!

Otros líderes logran ser audaces como leones. Nada los detiene. Son agentes de cambios valerosos, llenos de visión y acción. ¡Pero nadie los describiría como humildes!

El poder del liderazgo de Jesús se manifestó como resultado de la combinación de estos dos elementos. Nadie se atrevería de acusar a Jesús de ser un líder débil. Sin embargo, su humildad era tan evidente. Sus acciones fueron fuertes; Su corazón era tierno. Su ejemplo de expulsar a los comerciantes (Juan 2) y lavar los pies de los discípulos (Juan 13) nos ayuda a entender dos principios del liderazgo de servicio.

La audacia requiere que un líder siervo demuestre un poder apasionado. Cuando Jesús observó lo que estaba sucediendo en el templo, se enojó justificadamente. Lo que sucedía era una afrenta al plan y propósito de Dios para su pueblo. Él fue consumido por celo de la Casa de Su Padre que lo movió a tomar una acción audaz. Su audacia apasionada vino de su convicción de que Dios lo llamó para hacer la diferencia en el mundo. Tomó un tremendo valor para que Jesús confrontara los poderes existentes en el templo. Demostró pasión por una causa que todo líder siervo debería imitar. El mundo necesita desesperadamente líderes que tengan el valor y la pasión para enfrentar el mal y corregirlo. Puedes ser un siervo sin pasión, pero no puedes ser un líder sin valor.

La humildad permite que un líder siervo demuestre una renuncia a su poder. El relato de Jesús lavando los pies de Sus discípulos demuestra una renuncia de poder. Jesús se quitó su manto y al hacerlo dejó de lado todos los privilegios y el poder que tenía como líder del grupo. Él se inclinó para hacer el trabajo literal de un siervo, al lavar los pies sucios de los discípulos. Su humildad provino del reconocimiento del llamado de Dios a Su vida que era para los propósitos del Padre. Todos los líderes siervos están llamados a dejar a un lado sus derechos y privilegios para cumplir los propósitos de Dios. Reconocen que el poder que se les ha sido otorgado no es propio ni para ellos mismos, por lo que pueden dejarlo y realizar la tarea más insignificante ante los ojos de los demás.

Muchos líderes luchan por encontrar un equilibrio entre el ser audaz y humilde. Jesús modela el camino ya que Él lideró con una audacia asombrosa y una humildad increíble. Se sentía cómodo ejercitando poder y autoridad y con paz en el corazón para renunciar voluntariamente a ellas. ¡Que lleguemos a ser más como Él en nuestro liderazgo en casa, en nuestro trabajo y en nuestra iglesia!

Para mayor reflexión y discusión:

1. ¿Cuál es la acción más valiente que he tomado en mi liderazgo?

2. ¿Cuál fue la motivación de esta acción? ¿Estaba enfocado en mis propias ambiciones o en la gloria de Dios?

3. ¿De qué manera mi llamado de parte de Dios me proporciona valor para actuar?

4. ¿Hay algo en mi liderazgo en la cual tengo una gran pasión?

   Si es así, ¿cómo lo expreso? Si no, ¿cuál es el resultado de esta falta de pasión?

5. Cuándo recientemente he renunciado al poder o me alejé del liderazgo beneficioso. ¿Fue esto fácil o difícil para mí?

6. Al reflexionar sobre mi liderazgo, ¿a menudo soy audaz o humilde? ¿Cuál es el resultado de esto en aquellos a los que lidero?

7. ¿Qué pasos debo seguir para lograr un equilibrio saludable en estas dos áreas?

3. EJEMPLO DE HUMILDAD AUDAZ: JOSÉ

¿Cómo debería de ser un líder siervo? ¿Audaz o Humilde? Estamos llamados a ser ambas cosas como lo hemos observado en Jesús que usó el látigo y la vasija en Su liderazgo. En este capítulo, reflexionaremos sobre la vida de José, quien también demostró un equilibrio entre audacia y humildad, especialmente en el área de la planificación. José, el hijo de Jacob, vivió una vida privilegiada cuando era niño y claramente tuvo un sueño para un futuro significativo. Pero después de que sus hermanos lo vendieron como esclavo, sus planes parecieron haberse deshecho, hasta 13 años más tarde, cuando ascendió para convertirse en el primer ministro de Egipto. En esa posición, lideró el país durante 14 años de agitación económica que hace que los desafíos actuales de liderazgo parezcan leves. ¿Qué podemos aprender de José sobre la humildad audaz en el área de la planificación?

La audacia requiere que un líder siervo sueñe y planifique estratégicamente. Cuando tenía 17 años, José tenía un plan para su vida. Audazmente compartió su visión del liderazgo con su familia. ¡Estaba decidido a cambiar el mundo y esperaba que todos a su alrededor se inclinaran! Su sueño fue tan intrépido que su padre, que amaba a José como su hijo favorito, lo reprendió. Los hermanos de José, así como muchos hoy en día, no tuvieron un sueño y reaccionaron negativamente al plan visionario de José. Durante 13 años de esclavitud y encarcelamiento, los planes de José parecían haberse hecho pedazos. Pero trabajó duro y lentamente desarrolló el carácter y las habilidades necesarias para lograr su plan. Aprendió a dirigir la casa de Potifar y luego en la prisión. En prisión, aprendió a escuchar los sueños de los demás. Después de interpretar el sueño del Faraón, José compartió con el gobernante un plan integral para enfrentar la crisis actual. Fue audaz y ambicioso; fue claro y concreto. Su plan proporcionó detalles sobre el personal necesario, los objetivos de producción, la gestión del almacén, el mantenimiento de registros y las redes de distribución. Faraón rápidamente reconoció que estaba escuchando a un planificador estratégico, audaz y visionario, y acertadamente lo nombró para supervisar el país.

Los líderes siervos no temen soñar y planear estratégicamente. Valientemente miran más allá del presente hacia el futuro y ven posibilidades donde otros solo ven problemas. Sueñan con un mundo en el que las vidas se transforman y ven su iglesia o sus negocios como parte de ese plan. Están dispuestos a ponerse de pie y declarar como lo hizo José: "Tengo un sueño".

La humildad le permite a un líder siervo reconocer el plan de Dios. A los 17 años, José era audaz pero aún no humilde. Su sueño trataba de que la gente se inclinaba ante él, y no cómo él podría servirles. Él acertadamente vio que estaría en una posición de liderazgo, pero aún no entendía cómo los líderes sirven a quienes lideran. Para cuando él fue el primer ministro de Egipto, él pudo reconocer humildemente que los planes de Dios eran mucho más grandes que los suyos y que lo que antes vio como su sueño eran en realidad los sueños de Dios. Dios quería usar a José para salvar a su propia familia y llevarlos a Egipto para lo que serían los próximos 400 años de la historia de Dios. José trabajó duro, pero en este punto pudo decirle a Faraón: *"No puedo hacerlo, pero Dios le dará a Faraón la respuesta que desea"* (Génesis 41:16). Pudo reconocer humildemente a sus hermanos que las cosas que pretendían dañar fueron usadas para cumplir el plan Dios.

Los líderes siervos reconocen que Dios los llama a una planificación estratégica y audaz, pero equilibrada con una profunda humildad. Deben trabajar duro y reconocer que tomará algo más que el esfuerzo humano y la planificación para cumplir los propósitos de Dios. Su vida demuestra Proverbios 16: 9, *en su corazón un hombre planea su curso, pero el SEÑOR determina sus pasos.*

Para mayor reflexión y discusión:

1. Considere los siguientes pasajes de la historia de José. ¿De qué manera estos pasajes ilustran la capacidad de José para planificar con audacia o su humildad mientras lleva a cabo el plan? (Generación 37: 2 - 28; 39: 1 - 6, 20 - 23; 40: 1 - 23; 41: 14 - 37; 45: 4 - 8; 47: 13 - 27; 50: 15 - 21)

2. Cuando se trata de planear, ¿Usted lidera con audacia o humildad?

   Identifique un ejemplo reciente de cómo esto fue evidente. Cuando sigues tu tendencia natural hacia la audacia o la humildad, ¿cuál es el resultado?

3. ¿Qué necesita cambiar para que estés más equilibrado?

4. ¿Cuál es tú sueño? ¿Es lo suficientemente grande como para requerir la ayuda de Dios para lograrlo?

¿Estás enfocado en tus propios objetivos o en los propósitos de Dios para tu vida?

5. ¿Ha permitido que las respuestas de otros te impidan avanzar con valentía en la planificación estratégica?

6. ¿De qué manera caminas con humildad mientras planificas estratégicamente?

7. ¿Has reconocido cómo los planes de Dios son más grandes que los tuyos y cómo usará los tuyos para lograr los Suyos?

8. Cuando trabajas duro, ¿reconoces que tu éxito no depende de tu propio esfuerzo sino de la bendición de Dios?

4. EJEMPLO DE HUMILDAD AUDAZ: MOISÉS

Con frecuencia la humildad es vista como una señal de debilidad. Pero Moisés es un ejemplo de un líder siervo que demuestra que la humildad puede ser audaz. Él es descrito como *"el más humilde que cualquier otro sobre la faz de la tierra"* (Números 12: 3). Al mismo tiempo, era un líder valiente y audaz que luchaba por su pueblo. ¿Cómo se ven estas dos características en la vida de un líder siervo?

La audacia requiere que un líder siervo pelee por la gente. Moisés luchó, tanto figurativa como literalmente, por la libertad de su pueblo. Valientemente entró hasta la corte de Faraón y repitió las palabras de Dios: "¡Deja ir a mi pueblo!". Esto no era una estrategia tímida y cobarde. Tampoco se detuvo a consultar las encuestas de opinión antes de seguir adelante. Moisés fue un líder audaz y servidor que encontró una causa digna de lucha y se adelantó a la tarea de liderar una revolución. Al principio, no se consideró adecuado para la tarea y se resistió al llamado de Dios, pero finalmente se dio cuenta de que no se trataba de su habilidad sino del plan de Dios para su pueblo. Entonces Moisés se convirtió en el líder audaz y visionario que lideró a una nación hacia la libertad.

Muchos líderes luchan por sí mismos y ejercen su propia autoridad. Ganan batallas y alcanzan metas por sí mismos. Otros líderes tienen posiciones de influencia, pero carecen de visión y el valor para llamar a la acción. Ellos no pelean por nada. Los líderes siervos luchan audazmente, no para sus propósitos, sino para ver los propósitos de Dios cumplidos a través de aquellos a quienes lideran. Ven a su familia, empresa, equipo de trabajo o congregación como el grupo que Dios les ha dado y no son tímidos para expresar la dirección de Dios para este grupo. Son audaces cuando lideran la carga contra toda oposición. Son valientes guerreros, ¡nunca se contentan de cómo están las cosas! La valentía de los líderes siervos viene porque están luchando, no por ellos mismos, sino por los demás.

La humildad permite a un líder siervo interceder por la gente. De joven, Moisés demostró ser lo suficientemente valiente al matar a un egipcio. Pero su osadía no estaba, en ese momento, templada con humildad. ¡Necesitaba otros 40 años de entrenamiento de liderazgo antes de estar listo para servir con humildad! En este punto, el liderazgo de Moisés se caracterizó por la continua conversación con Dios. Antes de actuar Moisés esperaba que Dios le hable. Desarrolló intimidad con Dios a través de la conversación continua con él. Moisés se convirtió en un líder que supo equilibrar la audacia y la humildad a través de su dependencia en Dios. En ningún otro lado este principio se ve mejor ilustrado que cuando Dios estuvo a punto de destruir al pueblo de Israel por su rebelión en Horeb. Moisés inclino su rostro durante 40 días, clamando a Dios en nombre del pueblo. (Lea el resumen en Deuteronomio 9, un gran capítulo sobre el liderazgo de servicio.) Todavía estaba luchando por la gente, pero esta vez la lucha no fue una confrontación audaz, sino una intercesión humilde.

Cuando su propia hermana desafió su llamado al liderazgo, Moisés respondió con una oración por la sanidad de ella. ¡Eso es un signo de humildad! Los líderes siervos aprenden a pelear batallas humildemente sobre sus rodillas orando por cada una de las personas que están bajo su liderazgo. Esta humildad los mantiene equilibrados y proporciona una protección en la lucha contra sus propias batallas. Cuando se levantan de sus rodillas, saben cuándo y cómo ser audaces. A medida que ejercen un liderazgo audaz, vuelven a arrodillarse para escuchar de nuevo a Dios. Los líderes siervos han aprendido a no luchar por nada antes de haberse arrodillado por todo.

Ahí y sólo ahí, es cuando ellos lideran con humildad audaz.

Para mayor reflexión y discusión:

1. Lea Números 12, el relato de Moisés y María. ¿Cómo respondo cuando alguien desafía mi autoridad como líder?

2. ¿Qué puedo aprender de la respuesta de Moisés a este desafío?

3. ¿Qué es lo más típico en mi liderazgo, batallas audaces o intercesión humilde? (Si no está seguro, ¡pregúntele a alguien a quien usted este liderando!)

4. ¿De qué maneras se revela este desequilibrio en mi liderazgo?

5. Recientemente ¿De qué maneras he demostrado audacia en mi liderazgo, "luchar por mi gente?

6. ¿Qué demuestra que esta lucha no es para mis propios propósitos, sino para el propósito de Dios?

7. ¿Hay formas en que he sido tímido sobre la expresión del plan de Dios para aquellos a los que lidero? ¿Qué necesito cambiar?

4. Ejemplo de Humildad Audaz: Moisés

8. ¿Cómo oro regularmente, por mi nombre o por aquellos a quienes Dios ha confiado a mi liderazgo?

¿Ellos saben que usted ora por ellos?

9. ¿De qué manera Dios me invita a fortalecer este aspecto de mi liderazgo?

5. EJEMPLO DE HUMILDAD AUDAZ: ESTER

Ester tiene todas las cualidades de una heroína de cine. Ella era la bella primera dama en el imperio del rey Asuero, una posición llena de glamur y prestigio. Su ascenso de huérfana en el exilio a esta posición de poder ha cautivado a los lectores durante siglos. Pero detrás de la increíble historia de su vida hay una poderosa lección de liderazgo de servicio. Ester usó con valentía su posición para cambiar el destino de su pueblo, pero lo hizo con profunda humildad. ¿Qué nos enseña hoy sobre el liderazgo de servicio?

La audacia requiere que un líder siervo reconozca y aproveche la oportunidad. Ester disfrutó de su posición de liderazgo como la reina durante al menos cuatro años antes que Amán, el enemigo de los judíos, propusiera su plan para destruir a los israelitas. Imagino que ella disfrutó los deberes oficiales de una reina y desempeñaba bien sus responsabilidades oficiales como reina y que también disfrutaba de los privilegios inherentes al puesto. Ella, como muchos líderes hoy en día, estaba ocupada desempeñando un rol pero sin tener mucho impacto. Ella podría haber llegado a la conclusión de que el liderazgo era divertido. Pero esta crisis con Amán hizo que la reina Ester se diera cuenta repentinamente de que su posición de liderazgo no se refería a ella, sino a algo mucho más grande. De repente, como la historia lo cuenta, su pueblo se vio confrontado con una situación de vida y muerte y era necesario un liderazgo de valentía más que de belleza, necesitaban un liderazgo audaz. Mardoqueo ayudó a Ester a reconocer que estaba en su posición real "*para un momento como este*" (Ester 4:14). Ester reconoció que este era su momento, ella después de pedir y llamar a la oración, aprovechó la oportunidad con valentía. Ella valientemente entró a la presencia del rey arriesgando su propia vida, sin saber, como nosotros, el resultado de su acción. Ella invitó valientemente al rey y a Amán a un banquete y luego a otro, donde compartió la petición en favor de su pueblo. Ella audazmente solicitó al rey que anulara el decreto maquinado por Amán. Luego, después de que se implementó el decreto revisado, ¡audazmente pidió más! En este punto, su liderazgo audaz salvó a su nación y estableció una nueva fiesta nacional.

Los líderes siervos ven su posición de liderazgo como lugar otorgado por Dios para ver y aprovechar las oportunidades que Dios ha provisto. Están dispuestos a arriesgarse con valentía, no por sí mismos, sino por el bien de aquellos a quienes sirven. Reconocen que el liderazgo es mucho más que privilegios y apariciones públicas. Ellos entienden que están liderando "*para un momento como este*".

La humildad permite a un líder siervo buscar el favor de Dios. La valentía de Ester no vino de leer libros de liderazgo o asistir a un taller sobre autoestima, sino de humildemente buscar a Dios. Cuando se enfrentó por primera vez con la crisis, pidió tres días de oración y ayuno, para ella y su nación. Esta búsqueda deliberada del favor de Dios antes de actuar le dio a Ester la audacia que ella necesitaba para liderar. También le permitió vaciarse de ella misma y de los motivos equivocados. Le permitió ver la perspectiva de Dios sobre su liderazgo y acercarse al rey con la perspectiva: "*si perezco, que perezca*" (Ester 4:16). Ahora entendía claramente que el liderazgo no se trataba de lo que pudiera obtener de este. Su responsabilidad era obedecer humildemente. Esta humildad continúa a través de su historia mientras ella ejerce influencia audazmente, pero nunca domina o llama la atención sobre su rol. Ella resistió humildemente la tentación de moverse rápidamente, sino que esperó el momento de Dios para compartir su pedido con el rey. Si hubiera hablado con el rey la noche del primer banquete, la horca no estaría preparada para Mardoqueo. Tampoco el rey habría leído los libros de las crónicas reales durante su noche de insomnio que resultó en honrar a Mardoqueo. Ella humildemente trajo a Mardoqueo al palacio justo cuando se necesitaba. Su audacia siempre se combinaba con una profunda humildad al buscar el favor de Dios.

La audacia que proviene de la oración y la búsqueda del favor de Dios es una fuerza poderosa para el cambio. Los líderes siervos buscan humildemente el favor de Dios, y luego se levantan con extraordinaria audacia y actos de valor desinteresados. ¡Que esto ocurra en tu liderazgo y en el mío!

Para mayor reflexión y discusión:

1. Tómese su tiempo para leer esta historia de Esther observando cuidadosamente cómo equilibró la audacia y la humildad. Haga una lista de ejemplos de cada rasgo mientras lee. ¿Cuál es el que te parece más significativo?

2. ¿Qué oportunidades te ha presentado Dios en las cuales requieren de un liderazgo audaz?

   ¿Cuáles son los riesgos involucrados?

3. ¿Tu estilo de liderazgo afronta rápidamente los riesgos o eres más cauteloso por naturaleza?

   ¿Cuál es el resultado?

4. ¿Encuentras estrategias para buscar el favor de Dios regularmente?

5. ¿Hay problemas de liderazgo en este momento y según tu experiencia que sean lo suficientemente significativos como para exigir un día o tres días en oración y ayuno?

6. ¿Existen otras personas a las que debas llamar para que te acompañen en la búsqueda del favor de Dios?

6. EJEMPLO DE HUMILDAD AUDAZ: DANIEL Y SUS AMIGOS

La mayoría de nosotros no vivimos ni trabajamos en presencia del presidente o el líder máximo de nuestra nación. En este ambiente, la presión para conformarse es enorme y se necesita tremenda valentía para tomar una posición. Pero Daniel y sus tres amigos demostraron que la audacia con humildad es posible en estos niveles incluso cuando el oficial es un rey con poder absoluto. ¿Qué podemos aprender de Daniel, Sadrac, Mesac y Abednego acerca de esta combinación, sobre cómo los líderes siervos demuestran audacia con humildad?

La audacia requiere que un líder siervo tome partido por lo correcto. Daniel y sus tres amigos enfrentaron grandes desafíos morales en situaciones de vida o muerte. Daniel, como parte de su entrenamiento de tres años, estuvo tentado a comprometer sus convicciones con respecto a una dieta impuesta. Sus tres amigos, en una gran reunión pública, se les ordenó inclinarse y adorar a un ídolo hecho por el rey. En ambas situaciones, estos líderes enfrentaron una enorme presión de grupo ya que todos a su alrededor siguieron las instrucciones del rey. En ambas situaciones, la desobediencia a los mandatos del rey podría haberles costado la vida. En situaciones de esta naturaleza, muy fácilmente podemos racionalizar los "pretextos" para no hacer lo correcto. Podríamos pensar: "Inclinaré mi rodilla, pero en mi corazón adoraré a Dios". O "Sería mejor comer que crear una perturbación". Daniel y sus amigos mostraron gran valentía y audazmente defendieron lo que era correcto. *Pero Daniel resolvió no contaminarse con la comida y el vino del Rey* (Daniel 1: 8). Los tres hombres, cuando fueron llamados ante la presencia del rey, declararon audazmente: "*Su Majestad, Queremos que sepa, que no serviremos a sus dioses ni adoraremos la estatua de oro que ha levantado*" (Daniel 3:18).

Los líderes siervos toman una posición por lo que es correcto, no por lo que quieren o por lo que se beneficiarán a sí mismos. No esperan que otra persona actúe o que la opinión pública esté de su lado. Tienen convicciones firmes sobre el bien y el mal basadas en los principios morales de Dios y declaran con valentía en qué creen.

La humildad permite a un líder siervo confiar los resultados a Dios. Daniel y sus amigos audazmente decidieron hacer lo correcto, pero al mismo tiempo reconocieron humildemente que no eran responsables de los resultados. Daniel habló sabiamente con su supervisor, le ofreció una prueba de diez días y luego confió humildemente en Dios para el resultado final. Los tres hombres, cuando fueron desafiados por el rey, se negaron a defenderse. "*Rey Nabucodonosor, no necesitamos defendernos ante ustedes en este asunto*" (Daniel 3:16). Anticiparon la liberación de Dios y humildemente confiaron en los resultados de Dios, reconociendo que incluso si Dios no los salvaba, su respuesta sería la misma. (Véase Daniel 3:18).

Muchos líderes solo toman una postura audaz después de concluir que sus probabilidades de salir victoriosos son altas. Los líderes siervos toman una postura audaz basada en los principios y humildemente dejan los resultados a Dios.

Los líderes que son apasionados por una causa moral a menudo actúan con valentía pero al mismo tiempo desprecian arrogantemente a aquellos que están en desacuerdo y son defensivos y argumentativos. Los líderes siervos hablan por Dios y lo que es correcto, pero no están a la defensiva ya que confían los resultados a Dios.

Los líderes siervos, como Daniel y sus amigos, defienden valientemente lo que es correcto y confían humildemente los resultados a Dios. Cuando toman esta posición, Dios los usa para cumplir Sus propósitos para su nación.

Para mayor reflexión y discusión:

1. Lea la historia de Daniel y sus amigos (Daniel 1, 3 y 6) y busque los momentos cuando demostraron humildad audaz. ¿Qué más aprendes de esta historia?

2. ¿Cuándo fue la última vez que te enfrentaste a una mayoría opositora? Reflexiona sobre esa experiencia a la luz del ejemplo de Daniel. ¿Qué hiciste bien? ¿Qué se podría haber hecho mejor?

3. Cuando se trata de cuestiones morales, ¿su tendencia natural es audacia o humildad? ¿De qué manera te está llamando Dios a equilibrar estos dos principios?

4. ¿Cuáles son los problemas morales e importantes que enfrenta como líder en su familia, empresa, comunidad o nación?

5. ¿Cuáles serían las razones más fáciles para evitar tomar una postura para defender lo correcto?

6. ¿Qué significa para ti defender lo correcto?

7. ¿Cuáles son algunas cosas que Dios podría llamarte a hacer en respuesta a estos problemas?

8. ¿Cómo sería el liderazgo audaz pero humilde en esta situación?

7. EJEMPLO DE HUMILDAD AUDAZ: NEHEMÍAS

¿Por qué un líder siervo lanzaría las posesiones de la casa de alguien a la calle? ¡Preguntemos a Nehemías! *"Esto me disgustó tanto que hice sacar de la habitación todos los cachivaches de Tobías"* (Nehemías 13: 8). Esta no es una imagen de un líder débil y pasivo. Tampoco es un ejemplo de un dictador enojado. Nehemías es otra imagen de la tensión que los grandes líderes siervos equilibran entre audacia y humildad. ¿De qué manera Nehemías demuestra ambos?

La audacia requiere que un líder siervo confronte el error corporativo. La acción de Nehemías contra Tobías fue una confrontación audaz del mal. Tobías se había aprovechado de su relación con el sacerdote para obtener ganancias egoístas. Este no es el único momento en que Nehemías enfrenta con audacia el mal. Cuando la gente se aprovechó de los pobres, se enojó, convocó a una reunión y exigió un cambio (Nehemías 5: 1-13). Cuando fueron culpables de trabajar en el día de reposo, él cerró las puertas y puso guardias para cambiar la práctica, incluso amenazando con "poner las manos en" aquellos que quebrantaran su instrucción (Nehemías 13: 15-22). Cuando la gente empezó a casarse con extranjeros, ¡Nehemías los reprendió, los golpeó y les sacó la barba! (Nehemías 13: 23-27). (¡No recomiendo que pruebes todas sus tácticas, pero todos podemos seguir su ejemplo de confrontar con valentía el mal que la mayoría de la gente está haciendo!)

Los líderes siervos tienen valor para enfrentar el pecado de aquellos a quienes lideran. Su liderazgo se basa en principios morales claros, no en la opinión pública. Al igual que Nehemías, confrontan el mal con un motivo para corregir y cambiar, no para destruir o tomar venganza personal. En el hogar, en la oficina, en el trabajo o en la iglesia, los líderes siervos se ven a sí mismos como representantes del Reino de Dios y hablan abiertamente cuando ven violaciones de Su voluntad. Esta no es una batalla personal, o una represalia contra aquellos que se resisten a ellos. Los líderes siervos confrontan el error solo en respuesta a la clara desobediencia de la voluntad de Dios. Pero luego se enfrentan al mal con audacia.

La humildad le permite a un líder siervo confesar el error personal. La audacia de Nehemías para enfrentar el error de la mayoría del pueblo fluyó de su anterior confesión de error personal. Su historia comienza con una confesión en humilde oración en la que confiesa tanto su propio pecado como los pecados de su pueblo (Nehemías 1: 5-11). Más tarde, cuando llamó a la gente a arrepentirse y volver a Dios, él fue el primero en firmar el documento de confesión y renovación (Nehemías 10: 1).

Algunos líderes confrontan valientemente los pecados de otros, pero no están dispuestos a tratar con los propios pecados. Jesús comparó a estos líderes con aquellas personas que se enfocan en la paja del ojo ajeno pero no pueden ver la viga en el suyo (Mateo 7: 3-5). Los líderes siervos rápidamente reconocen su propia debilidad y su continua necesidad de la gracia de Dios. No esperan a que su pecado sea expuesto y luego emiten rápidamente una disculpa pública. En cambio, permiten que Dios escudriñe sus corazones y reconozcan humildemente el pecado expuesto allí. Al ver nuestro propio pecado y reconocer nuestra propia necesidad de la gracia de Dios nos permite extender la misma gracia y libertad a los demás. Somos capaces de enfrentarnos con valentía pero con una profunda humildad en lugar de orgullo.

Esta humildad es la base de la cual un líder siervo puede confrontar el pecado de los demás con valentía. Solo cuando se confiesa el pecado personal, un líder siervo tiene la autoridad moral para confrontar el pecado en los demás. Cuando se reconoce por primera vez el pecado personal, la confrontación del pecado corporativo se realiza con un espíritu de humildad en lugar de orgullo.

La confrontación del pecado corporativo sin humildad conduce al caos y la rebelión. La confesión humilde de los pecados personales sin confrontación de los pecados corporativos no conduce al cambio. Pero cuando los líderes siervos combinan la confesión humilde de pecado personal con la confrontación audaz del pecado corporativo, la transformación genuina de los individuos y la comunidad se hace posible. ¡Lideremos con humildad audaz como Nehemías!

Para mayor reflexión y discusión:

1. Lea toda la historia del liderazgo de Nehemías, buscando otros ejemplos de su audacia y humildad. ¿De qué manera crees que su vida puede ayudarte a moldear la forma en la que tú lideras?

2. ¿Qué es lo más natural para usted como líder, enfrentarse con valentía o confesar humildemente lo incorrecto? ¿Qué sucede cuando uno no es equilibrado por el otro?

3. ¿Has experimentado una situación en la que un líder enfrenta con valentía el error pero carece de humildad personal?

¿Cuál fue el resultado y qué puedes aprender de este líder?

4. Por otro lado, ¿has experimentado la situación en la que un líder tenía una gran humildad pero carece de la audacia para enfrentar el mal en los demás? ¿Cuál fue el resultado y qué puedes aprender de esta experiencia?

5. ¿Hay pecados actuales en tu propia vida que necesiten confesión antes de mirar el pecado de los demás?

6. ¿En el grupo que lideras hay pecados corporativos que necesitan una confrontación audaz? Si es así, ¿Cuáles son?

8. EJEMPLO DE HUMILDAD AUDAZ: PEDRO

El primer mensaje que Pedro predicó fue uno que confrontó valientemente al pueblo y las autoridades judías, acto que provocó de forma inmediata que Pedro quedara en una posición de conflicto con las autoridades. Después de escuchar su caso, salió de la corte y se reunió con otros creyentes y oró: *"Ahora, Señor, toma en cuenta sus amenazas y concede a tus siervos el proclamar tu palabra sin temor alguno".* (Hechos 4:29). Su oración revela el equilibrio de audacia y humildad que todo líder siervo necesita y nos llama a proclamar la verdad con humildad.

La audacia libera a un líder siervo para proclamar la verdad de Dios. Arriesgando su propia vida, Pedro proclamó con valentía la verdad a una audiencia hostil. Expuso su pecado y los llamó al arrepentimiento y al cambio (ver Hechos 3). Las autoridades respondieron rápidamente con fuerza y amenazas, Pedro es llamado a enfrentar sus cargos. Estos fueron los hombres que orquestaron la muerte de Jesús poco tiempo antes. Incluso en esta situación, Pedro continúa respondiendo con audacia y finalmente se niega a obedecer la orden de dejar de hablar de Jesús. Él proclamó la verdad de Dios en esa situación aparentemente sin tomar en cuenta que podría haberle costado su propia vida.

Los líderes siervos tienen valor para decir la verdad incluso en situaciones difíciles. No esperan que todos aprueben, ya que no buscan la aprobación de los demás. Ellos reconocen que el verdadero liderazgo no es un concurso de popularidad. Al igual que Pedro, se enfocan en la agenda de Dios, no en la suya propia. En la sala de juntas, el púlpito, la reunión del personal, la sala de profesores o durante una comida, los líderes siervos no tienen miedo de abordar problemas difíciles. No están obligados por el deseo de complacer a las personas o ser políticamente correctos. Su confrontación a menudo cruza el status quo (orden establecido) y audazmente llama a las personas a cambiar. ¿Cuándo fue la última vez que con valentía habló la verdad?

La humildad requiere un líder siervo para buscar el poder de Dios. No es difícil pensar en Pedro como audaz, sin embargo, la humildad no es una palabra que asociaríamos rápidamente con su liderazgo. Pero su oración revela que ya no confiaba en sus habilidades de liderazgo natural, sino en la fortaleza de Dios. Tal vez recordó su traición a Jesús y cómo le faltó valor para decir la verdad en esa situación. Siempre había sido rápido para hablar, pero en ese momento se dio cuenta de que sus habilidades de liderazgo natural no eran suficientes. En esta oración, él reconoce humildemente que, por sí solo, no tenía el valor necesario para seguir hablando frente a la amenaza de muerte o el encarcelamiento. Él humildemente buscó y recibió el poder de Dios.

Aquellos dotados de liderazgo a menudo asumen que tienen el poder de cambiar a los demás. Pero los líderes siervos reconocen humildemente sus propias limitaciones y falta de habilidad para provocar un cambio de corazón. Incluso aquellos naturalmente dotados de capacidad para liderar como Pedro, reconocen que por sí mismos no pueden producir un cambio positivo. Humildemente buscan el poder de Dios para llenarlos una y otra vez. ¿Cuándo fue la última vez que le pediste a Dios audacia o valentía? Cuando los líderes son audaces, pero no humildes, hacen más daño que bien. Enfrentan situaciones con arrogancia y una actitud superior, imprudentemente lideran el cambio. Cuando los líderes son humildes, pero no audaces, no se producen cambios. Lo incorrecto no se enfrenta y la verdad no se revela. Los líderes siervos aprenden de Pedro a ser audaz y humilde. Esta combinación lleva a la transformación de vidas en aquellos que lideramos. Esto no se aprende leyendo un libro sobre liderazgo o estableciendo metas altas para el logro. ¡Viene estando con Jesús! Las autoridades solo pudieron explicar el asombroso valor de Pedro al reconocer que él había estado con Jesús. Los líderes siervos caminan lo suficientemente cerca de Jesús para ser liberados de la necesidad de la alabanza de los hombres. Están lo suficientemente cerca de su corazón para reconocer situaciones que requieren una proclamación de la verdad. De Él obtienen pasión para ver el Reino de Dios establecido en su hogar, su negocio, su iglesia y su mundo. Cuando eso sucede, los líderes siervos se levantan y lideran con humildad audaz.

Para mayor reflexión y discusión:

1. Lea Hechos 3 y 4 y reflexione sobre la humildad audaz de Pedro. ¿Qué cosas adicionales puedes aprender de su ejemplo?

2. ¿De qué manera Dios te está pidiendo que sigas el ejemplo de Pedro?

3. En tu liderazgo, ¿tiendes a liderar con audacia o humildad? ¿Cuál es el resultado?

4. ¿Qué pasos puedes dar para equilibrar su liderazgo en estas áreas?

5. ¿Qué situaciones en tu hogar, trabajo o iglesia, Dios quiere cambiar?

6. ¿Has orado lo suficiente sobre esta situación para liderar con humildad audaz? ¿Cómo sería la humildad audaz en esta situación?

9. EJEMPLO DE HUMILDAD AUDAZ: PABLO

La confrontación es una de las tareas más difíciles y dolorosas del liderazgo y a Pablo no le gustaba la confrontación más que nosotros. Pero cuando reconoció la hipocresía de Pedro, Pablo no se contuvo. *"Pues bien, cuando Pedro fue a Antioquía, le eché en cara su comportamiento condenable"* (Gálatas 2:11). La reprensión de Pablo fue a la vez audaz y humilde, y sirve como guía para todos los líderes siervos sobre cómo enfrentar eficazmente cuando sea necesario de manera eficaz.

La audacia permite la confrontación personal. Pablo tuvo que tener una dosis de alto valor para confrontar a Pedro. En el capítulo anterior, vimos a Pedro que se enfrentó con valentía a los líderes religiosos cuando surgió la iglesia. Él fue el vocero de la iglesia, y Pablo fue un recién llegado al equipo de liderazgo. Pablo no tenía antigüedad ni posición sobre Pedro. Todos estos factores hacen que el valor de Pablo sea más notable. Pero lo hizo de forma audaz y en este caso, públicamente.

Se necesita valor para enfrentar el pecado en la vida de otra persona y muchos líderes huyen de este tipo de tarea. Algunos esperan o piensan que el problema se irá con el tiempo o que alguien más hará la difícil tarea de confrontación. Para algunas culturas les resulta más difícil de confrontar, especialmente cuando la confrontación está dirigido a alguien en una posición más alta. Pero la audacia de Pablo radica en su comprensión de los problemas involucrados y su amor genuino por Pedro. La hipocresía de Pedro amenazó con destruir el poder del Evangelio para romper las barreras entre judíos y gentiles. Se trataba de un problema de pecado, no una preferencia personal u opinión. Los líderes siervos pueden absorber insultos y acusaciones personales, pero cuando el pecado está involucrado, necesitan tener valor para enfrentarlo. Sin embargo, cuando confrontan lo hacen para traer cambio, no por una revancha personal o venganza. Pablo no estaba tratando de reducir el liderazgo de Pedro o tomar su posición. No fue una pelea de personalidad o un intento de verse bien haciendo que Pedro se viera mal. Pablo realmente se preocupó por Pedro y quería lo mejor para él. Los líderes siervos aman lo suficiente como para hablar en lugar de ignorar el problema. Ellos humildemente desean lo mejor para aquellos a quienes sirven. Cuando esto exige confrontación, lo hacen con valentía.

La humildad trae perspectiva a la confrontación. Pablo se enfrentó con valentía a Pedro, pero lo hizo con humildad y amor. Su intención era corregir y construir, no destruir. Solo unos pocos capítulos después, Pablo les recuerda a todos los líderes siervos, *"Hermanos, si alguien es sorprendido en pecado, ustedes que son espirituales deben restaurarlo con una actitud humilde. Pero cuídese cada uno, porque también puede ser tentado"*. (Gálatas 6: 1). Pablo les enseña a los líderes siervos que el objetivo de la confrontación es la restauración, y para que eso suceda, debe hacerse con suavidad. Los líderes siervos reconocen humildemente que incluso cuando son llamados a enfrentar, ellos mismos están lejos de ser perfectos y reconocen que fácilmente podrían estar del otro lado de la confrontación. Debido a que han experimentado la gracia de Dios, invitan a otros a recibir esa misma gracia. Su objetivo es restaurar, no destruir. Esta perspectiva altera radicalmente tanto el contenido espiritual de la confrontación. Si la confrontación se hace con la intención de demostrar que la otra persona está equivocada, vindicarse a uno mismo, avergonzar a otra persona o infundir miedo en los demás, el resultado no será redentor. El espíritu con el que se realiza la confrontación a menudo determina el resultado.

Algunos líderes son audaces y no temen enfrentarse a los demás. Pero lo hacen con arrogancia y orgullo que casi siempre lleva al conflicto. Otros líderes son tan "humildes" que nunca confrontan con valentía. De nuevo, no ocurre ningún cambio. Los líderes siervos están llamados a confrontar audazmente pero con la perspectiva de la humildad. Cuando ambos están presentes, existe un gran potencial de que la confrontación genere un cambio de corazón positivo. Pero independientemente del resultado, los líderes siervos abordan la confrontación con humildad audaz.

Para mayor reflexión y discusión:

1. En mi liderazgo, ¿me enfrento naturalmente al mal o evito el conflicto? ¿Cuál es el resultado?

   ¿Qué es lo que Dios me llama a cambiar?

2. Reflexiona sobre la última vez que confrontaste a alguien. ¿Lo hiciste con un espíritu de humildad? (Si no, ¡es probable que tengas que retroceder y arrepentirte!)

   ¿El problema que enfrentó fue un pecado o simplemente una diferencia de opinión entre usted y esa persona?

3. ¿Qué relación actual en su liderazgo necesita confrontación?

4. ¿Cuáles son las razones por las que aún no lo ha confrontado?

5. ¿Qué te enseña el ejemplo de Pablo y cuál es el paso que debes dar esta semana?

6. ¿De qué manera la confrontación es una expresión de amor?

7. ¿La falta de amor le lleva a evitar la confrontación o a hacerlo con la perspectiva equivocada?

8. ¿De qué manera tu cultura influye en la confrontación?

9. ¿De qué maneras el ejemplo de Pablo habla específicamente a tu cultura?

10. En este ejemplo, la reprensión de Pablo fue pública. ¿Cuándo es necesario y cuándo es mejor enfrentarlo en privado?

10. EJEMPLO DE HUMILDAD AUDAZ: TIMOTEO

En el último capítulo de esta serie, examinaremos la vida de Timoteo, un joven líder que estaba aprendiendo a equilibrar la audacia y la humildad a través del mentoreo de su padre espiritual, Pablo. Animó a Timoteo a ser audaz, especialmente porque se relacionaba con su voluntad de compartir con otros las Buenas Nuevas de Jesús y de aceptar humildemente el sufrimiento que traería. *"Por eso te recomiendo que avives la llama del don de Dios que recibiste cuando te impuse las manos. Pues Dios no nos ha dado un espíritu de timidez, sino de poder, de amor y de dominio propio. Así que no te avergüences de dar testimonio de nuestro Señor, ni tampoco de mí, que por su causa soy prisionero. Al contrario, tú también, con el poder de Dios, debes soportar sufrimientos por el evangelio"* (2 Timoteo 1: 6-8).

Los líderes siervos de forma audaz presentan a Jesús a otros. Pablo alienta a Timoteo a ser audaz al testificar sobre el Señor. Quizás Timoteo tenía una personalidad tímida o simplemente no le gustaba hablar mucho. En cualquier caso, Pablo alentó a "avivar la llama" de los dones que Dios le había confiado y recibir la audacia que Dios desea para todos los líderes. Pablo desafió a Timoteo a no avergonzarse del Evangelio, sino a declararlo sin temor. No importa dónde vivamos en este mundo, se requiere valentía para compartir públicamente a Jesús con los demás. Comunicar el Evangelio siempre provoca una oposición espiritual que requiere líderes de valor para superarla. Los líderes siervos buscan modelar su fe en todo lo que hacen, pero no se inhiben de compartir verbalmente acerca de Jesús. Oran por oportunidades para compartir a Jesús con sus empleados, compañeros de trabajo, clientes, vecinos, familiares y amigos. Hablar de cuestiones de fe en espacios públicos requiere líderes de valor que estén llenos del Espíritu de Dios. La audacia en el intercambio no se mide en el volumen de nuestro discurso, sino en nuestra disposición a hablar con claridad y convicción cuando sea necesario. Los líderes siervos reconocen que Dios los ha puesto en posiciones de influencia para que hablen de él.

Los líderes siervos aceptan humildemente el sufrimiento por el Evangelio. Pablo desafía a Timoteo a proclamar audazmente las Buenas Nuevas de Jesús y luego lo invita rápidamente a sumarse al sufrimiento por el mismo Evangelio. El intercambio audaz se combina con la humilde aceptación del sufrimiento por parte de los líderes siervos. Esperan resistencia al mensaje del Evangelio. A veces esto puede ser en forma de oposición física; en otros momentos, la resistencia es mucho más sutil. Los líderes que hablan con valentía pueden ser objeto de burlas o ser acusados de intolerantes, de mente estrecha o pasados de moda. Los líderes siervos comparten audazmente pero no luchan por ser escuchados o insisten en defenderse a ellos mismos o a su mensaje. Rehúsan verse arrastrados a discusiones o defender sus propios "derechos" para ser escuchados y comprendidos. Reconocen que el mensaje no es sobre ellos sino que simplemente lo elige Dios para entregarlo a aquellos que Dios ha puesto en sus vidas. Se regocijan cuando el mensaje es bienvenido pero continúan cuando es rechazado. No dejarán de compartir, incluso cuando les cueste prestigio a los ojos de los demás, un negocio, clientes, amigos o finanzas. Ellos miran a Jesús que sufrió y reconocen que sus seguidores están llamados a unirse a Él en el sufrimiento. Pablo, a menudo golpeado y encarcelado por causa del Evangelio, llamo a Timoteo y a todos los líderes siervos a aceptar humildemente el sufrimiento como parte de nuestro liderazgo. Buscamos equilibrar la humildad audaz mientras compartimos nuestra fe. Cuando los líderes siervos descubren que no están sufriendo, ¡claman por más audacia!

En los capítulos anteriores, hemos reflexionado sobre el llamado a los líderes siervos a poseer una **audacia** segura equilibrada con una profunda **humildad**. Timoteo, y los otros líderes que hemos examinado, nos enseñan que es posible equilibrar estas dos áreas. Que cada uno se levante y lidere... ¡con humildad audaz!

Para mayor reflexión y discusión:

1. ¿Podrían otros describirme como "audaz" o "tímido" al compartir el Evangelio?

   ¿Cuál es el resultado en mi liderazgo?

2. ¿Dónde recibe un líder la audacia que Pablo desafió a Timoteo a tener? ¿Qué tiene que decir, Hechos 1: 8 a esta pregunta?

3. ¿Quiénes son las personas que Cristo ha puesto en mi vida con quienes puedo compartir el Evangelio?

4. ¿De qué formas he sido fiel a ese llamado y de qué maneras he descuidado el llamado?

5. ¿A qué tipos de oposición me he enfrentado al compartir el Evangelio?

   ¿Ha disminuido mi audacia de alguna manera?

6. ¿Qué me está hablando Dios con respecto a la oposición?

11. LIDERAZGO Y MINISTERIO

Un día, mientras caminaba en el parque conocí a un hombre y entablamos una conversación. Cuando supo que yo era cristiano, me contó con entusiasmo acerca de su pastor. "Es un gran tipo. Es tan perfeccionista que ni siquiera deja que nadie más ayude con el boletín". Antes de que pudiera ofrecerle algún entrenamiento de liderazgo, él continuó: "No soy un gran cristiano, pero mi pastor dice que está bien porque si fuera así, ¡No lo necesitaría!"

El liderazgo y el ministerio son distintos. Este pastor, como muchos líderes cristianos, cree que su trabajo es trabajar duro y servir al resto de la iglesia. Este es un intento noble, pero esto *no es liderazgo, esto es ministerio.* ¿Cuál es la diferencia? El ministerio se trata de "hacer las cosas" que tenga que ver con la iglesia u organización a la que pertenecemos. Es redactar los boletines, visitar a los enfermos, aconsejar, alentar, preparar las sillas, trabajar en el presupuesto, etc. *El liderazgo* es un tema completamente diferente. Pablo dice claramente que los líderes en la iglesia deben equipar a otros para que hagan el trabajo, *a fin de capacitar al pueblo de Dios para la obra de servicio...* (Efesios 4:12). *El liderazgo* proporciona dirección, motivación y capacitación que potencia y desarrolla a los demás. **Los líderes siervos sirven liderando no trabajando.** Este concepto es especialmente difícil para los líderes siervos. ¿No se supone que debemos servir a los demás? ¡Absolutamente! Pero podemos servir a otros haciendo el trabajo del *ministerio* o proporcionando *liderazgo* piadoso. Es la diferencia entre *entrenar al equipo* y *jugar* el juego. Incluso si un entrenador es un excelente jugador, sería muy desatinado entrar al campo y jugar. El equipo necesita un entrenador y él sirve a los jugadores al proporcionar el liderazgo que necesitan. Jesús lideró con el corazón de siervo, ¡pero no hizo todo el servicio! Los líderes siervos se centran en las necesidades de los seguidores y resuelven sus necesidades. Pero sirven al dirigir en lugar de hacer el trabajo.

¿Esto significa que un líder siervo no debería hacer ningún trabajo de ministerio? ¡Por supuesto que no! Como parte del cuerpo de Cristo, él/ella también realizará parte del "trabajo del ministerio". Pero el líder debe entender que, si bien cada creyente está llamado a *ministrar*, solo los líderes le darán la dirección necesaria para que el cuerpo se mueva hacia adelante. Si el líder solo ministra, ¿quién liderará? Con un corazón de siervo ellos no rehúsan trabajar ni tampoco sienten que el trabajo está por debajo de su dignidad. ¡Pero también saben que son llamados por Dios para liderar!

¿Por qué es este concepto tan difícil? El *ministerio* es más fácil que el *liderazgo* y más rápidamente alimenta nuestro ego con resultados inmediatos. Además, la mayoría de los líderes han sido entrenados para el ministerio, no para el liderazgo, y les resulta difícil saber cómo se debe expresar el liderazgo cristiano.

Cuando tú sirves, ¿Sirves ministrando, o sirves liderando?

Para mayor reflexión y discusión:

1. ¿Cuál ha sido tu experiencia como modelo de liderazgo... un ministro/obrero o un líder?

   ¿Cómo ha impactado eso tu visión del liderazgo?

2. ¿Cuáles son algunas razones por lo cual es más difícil liderar que "ministrar" o hacer el trabajo?

3. ¿Qué porcentaje de su tiempo actualmente va al ministerio y qué porcentaje al liderazgo?

¿Cómo te gustaría que fuera ese porcentaje?

¿Qué debes cambiar?

4. ¿Actualmente De qué manera está proporcionando liderazgo en casa, en el trabajo y en la iglesia?

12. AVANZAR A TRAVÉS DEL RETIRO

Por naturaleza los líderes están orientados a la acción y suponen que hacer más equivale a lograr más. Pero los líderes siervos aprenden de Jesús, el líder máximo, sobre el poder de retirarse a un lugar de quietud. Marcos registra un incidente profundo durante una temporada ocupada del ministerio de Jesús. *"Y, como no tenían tiempo ni para comer, pues era tanta la gente que iba y venía, Jesús les dijo: —Vengan conmigo ustedes solos a un lugar tranquilo y descansen un poco. Así que se fueron solos en la barca a un lugar solitario"* (Marcos 6: 31-32).

La situación que enfrenta Jesús tiene todas las marcas del éxito. La gente "va y viene". Había tanto trabajo que no había tiempo para comer. ¡Esto es exactamente lo que sueñan los líderes! La iglesia está llena de gente; la empresa tiene clientes esperando en línea; ¡las invitaciones a hablar están llegando y todos piden verte! No hay tiempo suficiente para responder a todas las llamadas o responder a todos los correos electrónicos.

Pero en medio de toda esta actividad, Jesús les dice a los discípulos que se vayan y descansen. Sospecho que los discípulos caminaron hacia el bote sacudiendo la cabeza con incredulidad. ¿Cómo podría Jesús pedirles que se detengan en el apogeo de su popularidad? ¿Cómo puedes servir a las personas cuando te retiras? Retirarse ayuda a los líderes a avanzar de varias maneras.

El Retiro proporciona perspectiva. Salir siempre produce una perspectiva diferente de la vida y funciona igual que mirar el suelo desde un edificio alto o un avión. El panorama general es más fácil de ver. Encontramos el verdadero significado de nuestro trabajo y nos damos cuenta del verdadero tamaño de nuestros problemas. Reconocemos que las cosas en las que invertimos bastante tiempo son buenas, pero no las mejores. Reconocemos nuestras limitaciones humanas. La reflexión tranquila trae una nueva perspectiva a todo lo que hacemos.

El Retiro agudiza nuestro enfoque. Cuando hay muchas cosas que exigen nuestro tiempo y atención, perdemos el enfoque. Las prioridades son borrosas y gastamos energía en actividades menos importantes. El grito de lo urgente calla la voz de lo importante. El retiro nos ayuda a reconocer cuándo hemos permitido que nuestro ministerio, trabajo o negocio tenga prioridad sobre las relaciones más significativas con Dios y la familia. Podemos volver a enfocarnos en las relaciones más importantes y las actividades más productivas.

El retiro repone nuestra fuerza. A medida que encontramos la perspectiva de Dios y recuperamos el enfoque, podemos volver al contexto de nuestro trabajo con energía y vitalidad renovada. El agotamiento se reemplaza con energía a través del retiro.

Los líderes siervos necesitan momentos de retiro si desean continuar supliendo efectivamente con las necesidades de quienes lo siguen. Dios gentilmente estableció en las leyes de la naturaleza un tiempo para descansar y retirarse. El sábado es un tiempo semanal para renovarse y reenfocarse que los líderes siervos aprenden a utilizar. Las estaciones y los años marcan el paso del tiempo y crean puntos de referencia para la evaluación y la reflexión. Las personalidades introvertidas reconocen más rápidamente su necesidad de retirarse y naturalmente, se sienten atraídas por los momentos de reflexión y renovación. A las personalidades extrovertidas les resulta más difícil ver la necesidad de retirarse y practicar la disciplina de descanso. Pero Jesús llamo a *todos* sus discípulos a avanzar a través del retiro. ¿Estás dispuesto a escuchar Su llamado y alejarte de las multitudes a un lugar de quietud?

Para mayor reflexión y discusión:

1. ¿Cuándo fue la última vez que apagó su teléfono y se alejó de toda actividad para un retiro?

2. ¿Ha establecido un ritmo para el retiro semanal? ¿Según la temporada? Si no, ¡mire su calendario ahora y comience a planificar!

3. ¿De qué manera tu personalidad alienta o desalienta el retiro?

4. Cuando no te retiras, ¿cuáles son las señales de advertencia en tu liderazgo?

13. NO ME DIGAS QUÉ HACER, MUÉSTRAME

Los líderes siervos influyen en otros al modelarles el camino. El liderazgo se trata más de demostrar la forma de vida que de contar. Piense en aquellos que llamamos "modelos a seguir" en los medios o deportes. Sus acciones influyen en millones, para bien o para mal. La vida de Pablo es el gran ejemplo de un líder siervo que modeló el camino. Dijo con valentía: *"Imítenme a mí, como yo imito a Cristo"* (1 Corintios 11: 1).

Pablo modelaba de manera involuntaria. Incluso sin un esfuerzo deliberado, la vida y el liderazgo de Pablo fueron un modelo para otros simplemente porque él siguió apasionadamente a Cristo. Pablo tenía una pasión por conocer a Cristo y caminar en obediencia a su llamado. Los líderes siervos primero deben ser seguidores de Jesús... en casa, en la oficina, en el mercado y en el ministerio. ¿La vida en la que vive desafía silenciosamente a los demás a ser más como Cristo?

Pablo modelaba por diseño. Pablo no solo modeló el camino de manera involuntaria, sino que llamó deliberadamente para que otros lo imitaran. *"Sígueme..."* ¿Puede decirle a los que le siguen, "Haz lo que yo hago...

mantén las cuentas como yo, ama como yo, da tu tiempo como yo, trabaja como yo, ama a tu cónyuge como yo" etc.? ¿Cómo podemos ser líderes que valga la pena imitar? Primero trabaje en el interior... luego llame para que otros le imiten.

Haga un inventario personal. Examina cuidadosamente tu propia vida, especialmente en el área del carácter. Use las siguientes preguntas como punto de partida. ¿Qué te está llamando Dios a cambiar?

Elimina posibles obstáculos. Después de realizar un inventario personal, identifique las áreas que impactan más significativamente su capacidad de ser un modelo para los demás. Desarrolla un plan para eliminar estos de tu vida. Esto puede requerir compartirlos con tu cónyuge, buen amigo o mentor para la oración y la rendición de cuentas. Puede que le resulte útil memorizar las Escrituras relacionadas con el área en la que trabaja. Establezca metas realistas y permite que el Espíritu trabaje dentro de usted para producir cambios.

Tómese el tiempo para desarrollar consistencia. Esté dispuesto a darle tiempo a Dios para que trabaje en el carácter de su vida como líder. La consistencia no se desarrolla de la noche a la mañana; es un proceso de toda una vida. Esto no quiere decir que alcanzarás la perfección, pues de lo contrario ninguno de nosotros la alcanzaríamos. Pero incluso cuando fallamos, nuestro objetivo debe ser modelar lo que significa confesar y abandonar nuestro pecado.

Después de haber tomado los otros pasos, así, como Pablo, debemos llamar conscientemente a otros para que sigan nuestro ejemplo. Podemos sentir que esto nos exalta a nosotros mismos por encima de los demás y, sin duda, existe la posibilidad de que esto ocurra. Pero el ejemplo de Pablo muestra que se puede hacer como una forma efectiva de liderazgo. Modele el camino, primero siendo un líder

que valga la pena seguir; luego llame a otros para que lo
sigan.

Para mayor reflexión y discusión:

1. Haga un inventario personal haciéndose las siguientes preguntas. Marque los que necesitan más reflexión y acción.

   ¿Hay alguna promesa que hice el mes pasado que no la he cumplido?

   ¿He cometido algún error por el que no pedí perdón?

   ¿Hay formas en que abuso de mi autoridad como líder?

   ¿Hay pecados secretos en mi vida que obstaculicen mi efectividad como líder?

   ¿Cómo estoy creciendo en mi intimidad con Jesús?

   ¿Hay cosas que le pido a otros que no estoy dispuesto a hacer?

   ¿He respondido de manera oportuna a correos electrónicos, llamadas o solicitudes de otros?

   ¿Tengo alguna relación rota que no he intentado rectificar?

   ¿Mi vida exhibe más y más del fruto del Espíritu?

   ¿Mis hábitos de liderazgo alientan a otros a ser líderes?

2. De la lista anterior, ¿qué pasos de acción Dios te está invitando a hacer? Sea específico y ponga la fecha en que comenzará.

3. ¿Llamar a otros para que te imiten significa que eres orgulloso? ¿Por qué o por qué no?

4. ¿De qué manera debes llamar a otros para que te imiten?

14. PENSANDO EN UN CAMBIO

El liderazgo se trata de ver la necesidad y guiar el proceso de cambio. La administración se enfoca en mantener lo que existe, pero el liderazgo fomenta el cambio. Sin embargo, el cambio es incómodo y muy pocas personas disfrutan el cambio a menos que sea un cambio que realmente deseamos (¡como cuando cambié mi estado civil de soltero a casado!). ¡Alguien comentó que las únicas personas que verdaderamente disfrutan del cambio son los bebés mojados! Naturalmente, queremos quedarnos donde estamos, hacer las cosas que ya estamos haciendo y permanecer dentro de nuestra zona de confort. Pablo llama a todos los seguidores de Jesús a una vida de cambio continuo. *"Así, todos nosotros, que con el rostro descubierto reflejamos como en un espejo la gloria del Señor, somos transformados a su semejanza con más y más gloria por la acción del Señor, que es el Espíritu"* (2 Corintios 3:18). ¿Qué piensan los líderes siervos sobre el cambio?

Los líderes siervos ven el cambio como parte del crecimiento. ¡Necesitamos cambiar! El cambio es parte del crecimiento y una parte natural de la vida. Todos los seres vivos crecen y cambian. La muerte viene cuando el cambio se detiene. Dios quiere que crezcamos y Él quiere que aquellos que están bajo nuestro liderazgo también crezcan. Los líderes siervos se dan cuenta que el cambio es una parte necesaria del crecimiento y guían a otros a través del proceso de cambio. Ellos entienden que ayudar a otros a cambiar es esencialmente ayudarlos a desarrollar todo el potencial que Dios ha puesto dentro de ellos. Los trabajadores de una empresa, los miembros de una iglesia o el personal de una oficina tienen un potencial mayor de lo que están utilizando en la actualidad. Un líder siervo ve ese potencial y trabaja para ayudarlos a cambiar y crecer.

Los líderes siervos guían a otros a través del cambio. Los líderes siervos guían a otros a través del proceso de cambio, pero no solo para alimentar su propio ego o para construir un nombre para ellos o para la organización que lideran. Ellos no están interesados en el cambio solo para ver cosas nuevas, o para mantener a las personas ocupadas, ni para crear una apariencia de actividad. Lideran el cambio para desarrollar personas y cumplir los propósitos de Dios para sus vidas y la organización. Reconocen que no todos los cambios son saludables y que el crecimiento real es un cambio en la dirección correcta. En el proceso de liderar un cambio positivo, una iglesia, empresa u organización crecerá naturalmente, pero ese no es el objetivo final para un líder siervo. El líder siervo se enfoca en ver a los seguidores cambiar para convertirse en todo lo que Dios los llamó a ser.

Los líderes siervos proyectan una visión para el cambio. Ayudan a otros a ver el propósito del cambio. Ofrecen una visión para mostrar los beneficios del cambio de maneras que motivan a los seguidores a pagar el costo del cambio. El precio del cambio siempre es alto. Puede que no siempre sea un costo financiero; el cambio puede costar el aprender nuevas formas de trabajar juntos; puede costar aprender un nuevo estilo de liderazgo; puede costar una pérdida de relaciones valiosas o sentido de comunidad.

14. Pensando en un Cambio

Los líderes pueden demostrar que el costo vale la pena. ¿Estás pensando en un cambio? ¿Estás atento a lo que Dios quiere cambiar en ti y a través de ti? ¡Sirve a otros liderando el cambio.

—⟨◦◦◦⟩◦⟨◦◦⟩—

Para mayor reflexión y discusión:

1. ¿De qué manera estoy creciendo en la actualidad?

2. ¿Qué necesito cambiar en mi propio liderazgo?

3. ¿Qué voy a hacer para comenzar o continuar cambiando?

4. ¿Qué necesita cambiar en mi organización?

5. ¿Cuál es el propósito de este cambio y qué es lo que Dios me llama a hacer para liderar el cambio?

6. ¿Cuál es mi motivo para este cambio?

7. ¿Qué obstáculos encontraré para liderar este cambio?

8. ¿Qué precio deberá pagarse?

9. ¿Cómo convenceré a la gente de que el precio del cambio vale la pena?

15. LIDERANDO PARA UN CAMBIO

En el capítulo anterior, examinamos la necesidad de pensar sobre el cambio. Ahora, hablemos sobre lo que significa poner esos pensamientos en acción, ¡*liderando para un cambio*! La palabra CAMBIAR es una hoja de ruta que lo guiará a medida que lidere el cambio en su negocio, iglesia o comunidad.

Comunican la visión. Los líderes comparten la visión con los demás, lo que les permite ver la necesidad de cambiar de una manera que inspire a la acción. Ellos comunican de forma clara, convincente y continuamente. Los líderes siervos son honestos sobre el costo del cambio y los resultados de no cambiar, pero también son capaces de presentar una imagen convincente de lo que sucederá cuando se logre el cambio. Crean una sensación de necesidad, urgencia y esperanza de que las cosas puedan ser mejores. Esta esperanza es el gran motivador que inspira la acción. Nehemías es un gran ejemplo. Entonces les dije: "*Pero ahora les dije: —Ustedes saben muy bien las dificultades en que estamos. Jerusalén yace en ruinas y sus puertas fueron destruidas por fuego. ¡Reconstruyamos* *la muralla de Jerusalén y pongamos fin a esta desgracia!"* (Nehemías 2:17).

Honran a la gente. Los líderes siervos guían el proceso del cambio para desarrollar a otros y alcanzar los objetivos del grupo, no simplemente para alimentar sus propias ambiciones para el éxito. Honran a otros en el proceso de cambio al reconocer a aquellos que invirtieron en cambios pasados e identificando personas influyentes clave que ayudarán a traer el cambio y les permitirán influenciar a aquellos que responden más lentamente.

Anticipan la resistencia. ¡Los líderes siervos no esperan que todos salten de un lado a otro cuando anuncian un cambio! El cambio a menudo va acompañado de un miedo a la pérdida que puede ser la pérdida de lo familiar, un sentido de identidad o la pérdida de tradiciones e historia. Busque con anticipación, identifique a aquellos que sean más propensos a resistir el cambio y encuentre maneras de trabajar con ellos.

Caminan rumbo al proceso. Liderar el cambio requiere líderes que sepan a dónde van y qué pasos se requerirán para llegar allí. Comunican este proceso, se involucran en él y mantienen a las personas enfocadas en el objetivo a medida que avanzan en los cambios. Los líderes siervos no solo desarrollan un plan de acción, sino que modelan el cambio y crean impulso comenzando con pequeños pasos que muestran cómo las cosas pueden mejorar y celebran todas las victorias.

Dan tiempo. ¡El cambio verdadero siempre lleva tiempo y por lo general, es más prolongado de lo que el líder espera! Los líderes siervos reconocen que lleva más tiempo liderar un proceso de cambio que comenzar algo nuevo y aman a las personas lo suficiente como para caminar pacientemente por el proceso.

Evalúan la efectividad. Los buenos líderes no tienen miedo de hacer preguntas difíciles para evaluar su efectividad. Los líderes siervos no solo miden objetivamente el éxito, sino que están dispuestos a preguntar si han honrado a las personas en el proceso del cambio.

Los líderes no son necesarios para mantener el status quo (orden establecido); los gerentes pueden manejar esa función. Pero cuando se necesita un cambio, los líderes siervos hacen frente al desafío, hacen un llamado para el cambio y guían a otros a lo largo del proceso. Dios te usará para traer cambio. ¡Sirve a los demás haciéndolo bien!

Para mayor reflexión y discusión:

1. ¿Qué cambio significativo se necesita en mi organización?

   Ahora reflexione sobre ese cambio y responda las siguientes preguntas.

2. Comunicar la visión. ¿Cómo y cuándo voy a comunicar la visión?

3. Honrar a la gente. ¿De qué maneras específicas trataré de honrar a las personas a las que estoy llamado a servir cuando lidero el cambio?

4. Anticipar la resistencia. ¿Qué desafíos anticipo con este cambio?

5. ¿Quiénes son las personas que espero que se resistan a este cambio?

6. Caminar rumbo al proceso. ¿Cuál es mi plan para implementar esta visión?

   ¿Está lo suficientemente claro para motivar a otros?

   ¿Cuál es el primer paso?

7. Dar tiempo. ¿Cuánto tiempo espero que esto tome? ¿Este tiempo es realista?

8. Evaluar la efectividad. ¿Cómo y cuándo lo evaluaré?

   ¿Cuál será la medida del éxito?

16. LOS LÍDERES SIERVOS TIENEN LA VENTAJA DE JUGAR EN CASA

Si me preguntan sobre mi liderazgo, comenzaré a hablar rápidamente sobre las organizaciones que he liderado, el número de personas que he formado o el buen trabajo que estoy haciendo a través de mi trabajo. Pero el liderazgo de servicio no comienza en el *trabajo*, comienza en *casa*. Pablo instruyó a Tito que un líder debería *"tener que serle fiel a su esposa, y sus hijos deben ser creyentes que no tengan una reputación de ser desenfrenados ni rebeldes"* (Tito 1: 6). Los políticos afirman abiertamente que lo que sucede en sus vidas privadas no influye en su efectividad como líderes, pero los lineamientos de Pablo deja en claro que para los líderes siervos lo que sucede en el hogar es fundamental. ¿Por qué?

El liderazgo en el hogar es preparación para el liderazgo público. Pablo espera que antes de que un líder ejerza influencia pública, se debe probar su liderazgo en el hogar con su cónyuge e hijos. Si no puedes influir positivamente en los que están en casa, ¡no intentes cambiar el resto del mundo! El liderazgo comienza en casa.

Un proverbio de India dice: "Primero gana la casa y luego gana el mundo".

Es en casa, en los detalles de la vida que aprendemos a liderar. Aprendemos a comunicarnos y compartir la visión, a planear y organizar, diseñar estrategias y ejecutar, equipar y construir equipos, y negociar y compartir. Más que eso, desarrollamos el carácter, la base del liderazgo, es en el hogar.

En ninguna otra parte el liderazgo de servicio es más probado que en casa. El liderazgo de servicio exige una renuncia de los derechos personales y un enfoque en las necesidades del otro en lugar de uno mismo. ¡Esto es difícil en público pero casi imposible en casa sin la ayuda de Dios! En casa, nos quitamos la ropa elegante y nos relajamos. Al hacerlo, descartamos fácilmente nuestros buenos modales y las habilidades de las personas y comenzamos a tratar a los más cercanos a nosotros de una manera que nunca haríamos en público. En casa es imposible ocultar quiénes somos en realidad. Es por eso que aprender a ser un líder siervo en casa nos prepara para el liderazgo público.

Si bien el liderazgo en el hogar debe ser probado, esto no implica la perfección, o ninguno de nosotros calificaría. En cambio, los líderes siervos aprenden a disculparse y pedir perdón por sus errores, primero en casa y luego en público.

El liderazgo en el hogar es la validación para el liderazgo en público. El hogar no solo proporciona un entorno de aprendizaje para el liderazgo de servicio, también proporciona afirmación para nuestro liderazgo en público. Los políticos pueden decir que su vida privada no cuenta, pero se aseguran de que cuando llegue el momento de las fotos, su familia esté sonriendo a su lado. ¿Por qué? Ellos saben que una familia sonriente envía un poderoso mensaje sobre liderazgo. Les dice a los votantes: "¡No pueden equivocarse con este líder, miren a la familia feliz!"

Pablo reconoció esto cuando desafió a los líderes hace 2000 años que su liderazgo en casa confirma su capacidad para liderar a otros. Entendió que cuando la familia de un líder está en orden, el líder gana credibilidad en público. Los líderes siervos que han aprendido a liderar bien en casa no necesitan confiar en sonrisas falsas; tienen un apoyo genuino de aquellos que los conocen mejor. Se mantienen con confianza y valor.

Cuando un equipo deportivo juega en casa, posee la ventaja de "campo local". Los líderes siervos que han pagado el precio en casa tienen la ventaja de "campo local" cuando entran al ruedo público.

Lidera... ¡en casa!

Para mayor reflexión y discusión:

1. En una escala del 1 al 10, ¿cómo calificarías tu liderazgo tu familia?

   ¡Ahora pregúntales y escucha cuál es su respuesta!

2. ¿Qué necesitas hacer en casa para fortalecer tu liderazgo?

3. En tu negocio / iglesia / organización, ¿Qué políticas ha implementado que ayudan a fortalecer a las familias?

4. ¿Utiliza deliberadamente tu liderazgo para edificar familias?

5. ¿Las familias están creciendo bajo tu liderazgo?

6. ¿Qué más puedes hacer para fortalecerlos?

17. AMANTE DE LO BUENO

Un proverbio popular dice: "Las malas noticias viajan rápido". Tome un periódico o escuche las noticias de la tarde y reconocerá rápidamente que las personas son atraídos hacia las malas noticias. Pero Pablo le dice a Tito que un líder como Cristo debe ser *"amante de lo bueno,"* (Tito 1: 8, NRVV). ¿Qué significa ser un amante de lo bueno?

"Ser un amante de lo bueno" habla de nuestra actitud...de lo que elegimos pensar. Nuestra actitud determina nuestra dirección en la vida y es una elección diaria. Podemos elegir ver lo mejor o lo peor; elegimos responder positivamente o negativamente. ¿El enfoque de tus pensamientos está en cosas buenas o negativas? Cuando escucha un informe sobre la economía o la situación política, ¿elige pensar en las dificultades o las oportunidades?

Los líderes siervos eligen pensar sobre lo bueno. Pablo amonesta: "*Por último, hermanos, consideren bien todo lo verdadero, todo lo respetable, todo lo justo, todo lo puro, todo lo amable, todo lo digno de admiración, en fin, todo lo que sea excelente o merezca elogio*" (Filipenses 4: 8).

"Ser un amante de lo bueno" habla de nuestro enfoque...lo que escogemos resaltar. Los líderes tienen muchas oportunidades para proporcionar dirección y elegir continuamente lo que destacarán. Los líderes siervos eligen enfocarse en lo bueno de las personas o en la situación. Pablo escribe que el amor *"todo lo espera"* (1 Corintios 13: 7). Los líderes efectivos resaltan lo bueno.

Cuando alguien que se comunica contigo comete un error, ¿te enfocas en el fracaso o el esfuerzo realizado? Cuando escuchas un informe negativo sobre alguien, ¿asumes automáticamente que es verdadero o falso? Al desarrollar a otros, ¿te enfocas en las fortalezas o debilidades del otro? Si te enfocas en lo negativo, tu liderazgo será correctivo. Si te enfocas en las fortalezas, tu liderazgo te empoderará. Los líderes siervos no pasan por alto lo negativo, sino que resaltan lo que es bueno. Al hacerlo, proporcionan energía y dirección positiva y alejan a las personas de la negatividad.

"Ser un amante de lo bueno" habla de nuestra conducta... de lo que elegimos hacer. Si amamos lo bueno, nuestras acciones reflejarán nuestros pensamientos y enfoque. Los líderes que aman lo bueno elegirán continuamente buenas acciones en sus vidas públicas y privadas. Pedro nos recomienda: *"Mantengan entre los incrédulos una conducta tan ejemplar que, aunque los acusen de hacer el mal, ellos observen las buenas obras de ustedes y glorifiquen a Dios en el día de la salvación"* (1 Pedro 2:12). Al practicar buenas obras, otros reconocerán que somos buenos trabajadores, buenos ciudadanos, buenos cónyuges y buenos padres. ¿Pueden los demás ver con tus acciones que amas lo que es bueno?

¡La buena noticia para los líderes siervos es que cuando eliges ser un amante de lo bueno, la gente buena amara seguirte! Las malas noticias viajan rápido, pero los líderes que se enfocan en lo bueno viajan y duran.

Para mayor reflexión y discusión:

1. ¿Te describirías como un amante de lo bueno?

   ¿Y los demás como te describirían?

2. ¿Qué necesitas cambiar en tu actitud? ¿Qué pasos puedes dar para hacer este cambio?

3. ¿Qué buena acción puedes elegir hacer hoy que fortalecerá tu capacidad para liderar como Jesús?

18. LA IMPORTANCIA DEL DINERO

El dinero es importante para todos. Todos usamos dinero, necesitamos dinero y manejamos dinero todos los días. Nuestro dinero es una fuerza poderosa en nuestras vidas, y no es sorprendente que la Biblia tenga mucho que decir acerca de las posesiones y las finanzas. La forma en que un líder piensa y maneja el dinero revela su corazón y también impacta poderosamente a los que lo siguen.

Se advierte a un líder siervo que no sea *amante del dinero* (1 Timoteo 3: 3). Las instrucciones de Pablo no se refieren a cuánto dinero tenemos, sino a nuestra actitud hacia este. Específicamente, advierte contra un apetito poco saludable por dinero. ¿Cómo podemos saber si "amamos el dinero"?

Elegir nuestra vocación basada en dinero. Dios llama a los líderes siervos en el mercado, en la educación, en las artes y en el trabajo de la iglesia. Cada uno de estos llamamientos tiene implicaciones monetarias. Para algunos, esto significa una vocación empresarial que proporciona dinero más que suficiente, y en algunos casos, un regalo especial para ganar dinero. Por otro, el llamado de Dios puede significar una vida de sacrificio y aparentes limitaciones financieras. En cualquier caso, no podemos elegir la obediencia si *somos amantes del dinero* y hacemos elecciones de carrera basadas en resultados financieros en lugar de la obediencia. Si bien Dios ciertamente le ha dado a cada líder la responsabilidad de trabajar duro y proveer para sus familias, los líderes siervos buscan escuchar la voz de Dios en su llamado y caminar en obediencia. ¿Cómo has elegido hacer lo que haces? ¿Es una vocación o una decisión basada en las finanzas? ¿Su objetivo es estar financieramente seguro o es maximizar sus dones para que otros puedan beneficiarse y ver a Jesús en su trabajo y liderazgo?

Estableciendo nuestras prioridades basadas en dinero. Lo más importante da forma a nuestras vidas y determina nuestras prioridades. Los líderes se enfrentan diariamente con elecciones sobre las prioridades que determinan la dirección de sus vidas y las de quienes les siguen. Es natural enfocarse en las prioridades que producen más dinero. En la plantación de iglesias, podemos priorizar un vecindario de clase más alta en lugar de trabajar con los pobres. En una empresa, podemos enfocarnos en la rentabilidad a corto plazo en lugar de en la salud a largo plazo o en enfocarnos en las ganancias en lugar de la generosidad hacia los empleados.

La prioridad de Jesús era clara; Se centró en hacer la voluntad de su Padre y enseñó que nuestra primera prioridad debería ser buscar el avance del Reino, no el beneficio financiero. Los líderes siervos se enfocan en las prioridades del Reino, incluso cuando en ese momento no parece ser la mejor decisión financiera.

Tomando nuestras decisiones basadas en dinero. Cuando el deseo de nuestro corazón es tener dinero, las decisiones diarias que tomemos reflejarán esta pasión. Para los líderes empresariales, esto a menudo significa maximizar el rendimiento en lugar de servir al cliente primero o entregar un producto de calidad. Esto a menudo se conoce como poner primero el "resultado final". Los líderes de la iglesia pueden decidir a quién visitar basándose en el nivel de ingresos de la persona involucrada o pueden verse tentados a evitar predicar sobre ciertos asuntos por temor a ofender a un miembro con poder financiero.

Los líderes siervos ven más allá de estos aspectos y ponen su mirada en objetivos más amplios. Preguntan: "¿Cómo beneficiará esta decisión a otros, ya sean miembros, clientes o del personal?" "¿Cuál es el deseo de Dios para esta situación y cómo puedo actuar de una manera que avance en su Reino?"

¿Qué papel juega el dinero en su liderazgo? ¿Eres un "amante del dinero" o un líder siervo con un corazón renovado radicalmente?

Para mayor reflexión y discusión:

1. ¿De qué formas que no son sanas he permitido que el dinero impacte en mis prioridades y decisiones?

2. ¿Qué dirían los que me siguen sobre la forma en que veo el dinero?

3. ¿Puedo compartir una decisión que tomé la cual claramente no fue basada en las finanzas?

19. MÁS SOBRE LA IMPORTANCIA DEL DINERO

En el capítulo anterior, vimos lo que significa no ser un "amante del dinero". Ahora, vamos a examinar las formas en que los líderes siervos manejan el dinero que tienen.

Los líderes siervos manejan el dinero como mayordomos. Los líderes siervos reconocen que Dios les ha dado muchas cosas, incluyendo su poder de influencia, dones, habilidades y finanzas. Pablo pregunta: *"¿Qué tienes que no hayas recibido?"* (1 Corintios 4: 7). Debido a que son siervos, manejan estos dones, no como propios, sino como mayordomos. Cuando los líderes ven sus finanzas como mayordomos, reconocen que el dinero es una herramienta que Dios ha provisto para llevar a cabo Sus propósitos a través de su liderazgo. Preguntan: "Dios, ¿qué quieres hacer con el dinero que me has dado?"

Los líderes siervos manejan el dinero con integridad. El mal uso del dinero ha causado la caída de muchos líderes. Los líderes siervos tienen cuidado de usar el dinero de maneras que no causen tropiezos a otros. Esto incluye errores como la exageración de los gastos, la falsificación de recibos o utilizando la papelería de la organización para correspondencia personal. Pero va más allá de solo evitar el pecado. Los líderes siervos hacen un esfuerzo para asegurar que sus negocios financieros sean completamente abiertos y sin reproche ante los ojos de los demás. Pablo, cuando trabajaba con dinero que era aportado por la iglesia dijo: "*Queremos evitar cualquier crítica sobre la forma en que administramos este generoso donativo; porque procuramos hacer lo correcto, no solo delante del Señor, sino también delante de los demás*" (2 Corintios 8:20, 21). Cuando se trata de dinero, los líderes siervos preguntan no solo "¿Es esto correcto?" Sino también se hacen la pregunta: "¿Esta acción les parecerá correcta a los demás o les hará tropezar?"

Los líderes siervos manejan el dinero con fe. Los líderes siervos no separan su fe y sus finanzas; manejan el dinero de una manera que expresa su fe. Cuando hay escasez de dinero, ejercen la fe a medida que avanzan con la confianza de que Dios proveerá para lo que Él los ha llamado a hacer. Ejercen la fe cuando están dispuestos a dar dinero, incluso cuando no tiene sentido desde el punto de vista económico. Los líderes siervos ven las hojas del balance o el informe financiero, pero también mantienen un oído abierto para escuchar las instrucciones de Dios y tienen el valor de caminar en obediencia como mayordomos. Las instrucciones de Dios pueden ser dar algunas monedas a una persona necesitada, invertir dinero en ahorros para el futuro o dar una suma enorme para su trabajo. Fe significa caminar en obediencia.

Tu dinero importa... ¡y mucho! La forma en que lo uses afecta tu vida y tu liderazgo. Protege tu corazón del amor al dinero. Luego usa el dinero como mayordomo con integridad y fe.

Para mayor reflexión y discusión:

1. ¿Manejo el dinero como dueño o como mayordomo?

2. ¿Qué decisiones he tomado recientemente que reflejan esto?

3. ¿Cuáles son las áreas de mayor tentación en el manejo del dinero?

4. ¿Qué puedo hacer para evitar cualquier sospecha sobre cómo manejo el dinero?

5. ¿De qué manera Dios me llama a expresar mi fe a través del dinero?

20. LIDERANDO CON UN CORAZÓN ABIERTO

Todos los líderes influyen en los seguidores, pero solo los líderes siervos abren su corazón a quienes lo están siguiendo. Pablo, en una carta íntima a la iglesia de Corinto, dijo: *"Hermanos corintios, les hemos hablado con toda franqueza; les hemos abierto de par en par nuestro corazón"*(2 Corintios 6:11). La declaración de Pablo revela una acción deliberada que tomó para conectarse con sus seguidores. Liderar con un corazón abierto nunca es un accidente; siempre es una elección deliberada hecha a pesar del potencial de daño que existe.

Liderar con un corazón abierto no ocurre de forma fácil ni natural. Las posiciones de liderazgo tienden a fomentar una brecha entre el líder y el seguidor. Algunos líderes fomentan esta brecha y se aseguran deliberadamente de que mantengan una distancia emocional con respecto a los que lideran al mantener todas las relaciones a un nivel "profesional". Los líderes se enfrentan a elecciones diarias sobre cuán abiertos estarán con los que les siguen y deben reconocer que la tendencia natural es ocultar quiénes somos realmente y qué hay en nuestro corazón. Liderar con un corazón abierto siempre es una elección de la voluntad que se centra en las necesidades de los demás en lugar de nuestros propios miedos o inseguridades. **Liderar con un corazón abierto es un poderoso acto de liderazgo que multiplica enormemente la influencia.** Los líderes siervos están dispuestos a exponer sus propias necesidades y debilidades de manera apropiada. Esto modela una autenticidad que ayuda a desarrollarse y florecer relaciones genuinas. El liderazgo se basa en las relaciones a medida que los líderes efectivos abren su corazón, crean un entorno que se siente seguro para que otros expongan quiénes son en realidad. Esto fomenta un ambiente de confianza y respeto entre el personal o los trabajadores. Aunque las relaciones de hoy en día se caracterizan por mensajes cortos de texto, las publicaciones en línea de una sola línea y actualizaciones de Twitter; todavía hay un profundo anhelo en nuestro corazón de conectarse a un nivel más íntimo. Los líderes siervos toman la iniciativa de hacer que esto suceda abriendo su corazón.

Liderar con un corazón abierto permite la comunicación, no solo de directrices sino de motivos, y revela el "por qué" detrás del "qué". Por ejemplo, un líder siervo puede decir: "Te pido que hagas esto porque quiero verte crecer y desarrollarte". Además, los líderes que abren su corazón constantemente intentan comunicar todo lo que es apropiado. Ciertamente, hay momentos en que es inapropiado compartir todo lo que hay en el corazón, pero los líderes siervos hacen que sea un hábito el ser lo más abierto posible.

Abrir su corazón a los demás es un riesgo enorme. Puedes ser herido profundamente o incomprendido. Los seguidores pueden que no siempre sean recíprocos inmediatamente. El contexto de la declaración de Pablo revela que sus seguidores no respondieron de la misma manera a su ejemplo, al menos no sin un poco de estímulo por su parte. Pero si desea servir a los que lidera, vale la pena el riesgo. Los líderes que constantemente abren su corazón a los demás son poderosamente atractivos pero lamentablemente, demasiado poco comunes. ¡Da un paso deliberado hoy para unirte a Pablo no solo abriendo una pequeña ranura en tu corazón de liderazgo, sino abriéndola de manera amplia.

Para mayor reflexión y discusión:

1. ¿Mi liderazgo alienta a otros a abrir sus corazones?

2. ¿Ha creado mi liderazgo una cultura de apertura en la organización que dirijo?

3. ¿He experimentado dolor en el pasado que me lidera al dirigir con el corazón abierto?

¿Qué debo hacer para encontrar sanidad?

4. ¿Qué acción específica he hecho en la última semana que reveló un corazón abierto? O, ¿dónde perdí la oportunidad de abrir mi corazón?

5. ¿He encontrado formas de revelar adecuadamente mis propias necesidades y exponer mis propias debilidades a los que me siguen?

21. LIDERANDO CON EXCELENCIA

Los líderes siervos, como todos los grandes líderes, tienen una pasión por la excelencia. Sin embargo, su motivo para liderar con excelencia no es simplemente para beneficio personal o para aumentar los ingresos financieros. Los líderes siervos lideran con excelencia porque tienen una pasión para desarrollar su propio potencial, para ver a otros desarrollar su potencial y un deseo de reflejar la naturaleza de Dios en su liderazgo. Pablo nos desafía a todos, *"Y todo lo que hagáis, hacedlo de corazón, como para el Señor y no para los hombres"* (Colosenses 3:23). Su llamado es un desafío para elevarse por encima de la mediocridad en una búsqueda incondicional de la excelencia donde sea que lideremos. ¿Cuál es el resultado cuando los líderes siervos lideran con excelencia?

Liderar con excelencia refleja la naturaleza de Dios. El Dios al que servimos no es un Dios tibio, despreocupado e informal. Todo lo que Dios hace es lo mejor y estamos llamados a expresar visiblemente su naturaleza en todo lo que hacemos.

Esta excelencia se expresa en nuestras vocaciones donde usamos los dones y habilidades que Dios nos ha dado para su gloria. Si usted está en el medio de la construcción, construya los mejores edificios posibles. Si se trata de educación, enseñe con pasión que produzca excelencia. Si es pastor, ¡sea un excelente pastor! Martin Luther King Jr. lo expresó de una manera correcta, "Si le toca ser un barrendero de calles, entonces barra esas calles como Miguel Ángelo pintó cuadros, como Shakespeare escribió poesía, como Beethoven compuso música; barra las calles tan bien que todas las huestes del cielo y la tierra tendrán que detenerse y decir: "Aquí vivió un gran barrendero, hacia su trabajo muy bien". Al liderar y servir con excelencia, reflejamos la verdadera naturaleza de Dios.

Liderar con excelencia inspira lo mejor de los seguidores. Los líderes que modelan la excelencia producen lo mejor de sus seguidores. Algunos líderes intentan dictar el buen desempeño de los seguidores y hacen todo lo posible para medir este rendimiento. Pero los líderes saludables viven y sirven con excelencia de una manera que inspira a otros a hacer lo mejor. Piense en un líder que lo inspire y reflexione sobre qué es lo que tiene que ver con su liderazgo que lo ayude a hacerlo mejor. Muy probablemente tienen una pasión por la excelencia.

Liderar con excelencia incrementa los resultados. Se pueden esperar resultados positivos cuando lideramos con excelencia. Los resultados se pueden medir en el "resultado final" de la ganancia financiera en un negocio o en la madurez de los discípulos o el impacto de la comunidad en una iglesia. En cualquier caso, cuando lideramos y trabajamos con excelencia, normalmente se obtienen resultados positivos. Dada la elección entre un producto mediocre y uno excelente, ¿cuál compraría? Si desea seleccionar una iglesia, ¿se sentirá atraído por una que no le importe cómo se hacen las cosas o por una en la que se preste atención a la excelencia? ¡Tiene muchísimo sentido que nos sintamos atraídos a la excelencia y a hacer las cosas de la misma manera que Dios las hace! Por esta razón, incluso un líder incrédulo que persigue la excelencia verá un aumento en los resultados. Lo que distingue al líder siervo es el motivo detrás del compromiso con la excelencia. El líder siervo persigue la excelencia como un medio para expandir la norma de Dios en su esfera de influencia.

Los líderes siervos son apasionados por ser los mejores líderes que pueden ser para darle gloria a Dios. Debido a esto persiguen la excelencia en todo lo que hacen y crecen continuamente en su capacidad de liderazgo.

Para mayor reflexión y discusión:

1. ¿Modelo constantemente la excelencia en todo lo que hago?

2. ¿Mi liderazgo inspira a la excelencia en otros?

3. ¿Cuál es mi motivación para buscar la excelencia?

4. ¿Qué ejemplos específicos de excelencia pueden ver otros en la organización que lidero?

5. ¿Cómo puedo responder al llamado a la excelencia mientras evito el perfeccionismo enfermizo?

22. MOISÉS: VERIFICACIÓN DE ANTECEDENTES

En los próximos capítulos, reflexionaremos sobre la vida y el liderazgo de Moisés. ¿Por qué Moisés? Considere estos credenciales. Fue llamado el hombre más humilde de la faz de la tierra y habló cara a cara con Dios como ningún otro profeta. Lideró un grupo grande (probablemente más de 2 millones) por un período de 40 años y superó todo tipo de desafíos, incluidas las dudas propias, la supervivencia física, los ataques externos y la disensión interna. En Hebreos, figura en la lista de la fe "Salón de la fama", donde se le dedica más espacio que a cualquier otro líder único. ¡Tenemos algunas cosas que aprender de un líder siervo como Moisés! En este capítulo, examinaremos elementos clave de sus antecedentes que dieron forma a su liderazgo.

Él nació en una familia de fe. Moisés nació en una familia hebrea en tiempos difíciles y en una vida de esclavitud y pobreza. Sin embargo, la gran fe de sus padres les permitió trabajar duro para preservar su vida de aquellos que querían matarlo y con el favor de Dios, su madre biológica pudo criarlo durante algunos de sus años de formación. Esta experiencia formó su vida de fe.

p. 97

Fue adoptado cuando era un niño pequeño. Después de ser amamantado por su propia madre, Moisés se fue a vivir al palacio egipcio como un hijo adoptivo de la hija de Faraón. Aprendió otro idioma y otra cultura y se separó de sus hermanos. Vivir en una posición de privilegio no le quitó a Moisés las luchas de identidad que enfrentan muchos niños adoptados. Él debe haber luchado a menudo con la cuestión de dónde pertenecía y cómo ser leal a su madre biológica quien lo engendró y a su madre adoptiva que lo nombró y crio.

Tuvo una buena educación. Como hijo de la princesa, Moisés tuvo el beneficio de una educación de clase mundial y tuvo lo mejor de Egipto a su alcance. *Y era poderoso en palabra y en obra* (Hechos 7:22).

¿Qué impacto tuvo el pasado de Moisés en su liderazgo y qué podemos aprender sobre el liderazgo de servicio de su pasado?

Dios llama a los líderes siervos de todos los trasfondos. Moisés vivió un corto tiempo en una familia de fe y varios años fuera de ese ambiente de fe. Sin embargo, emerge como un hombre de fe y un fuerte líder siervo. Moisés pudo haberse centrado en su nacimiento en la pobreza y la esclavitud y sentirse indigno de liderar. Podía haberse centrado en su vida de privilegio y sentirse con derecho a liderar. Con el tiempo, él no hizo ninguna de las dos cosas. Quizás tengas la tentación de exaltar tu trasfondo u ocultarlo, pero la vida de Moisés muestra que tu utilidad en el liderazgo no depende de si has ido a la iglesia toda tu vida o si creciste en rebelión contra Dios. Mantén tu trasfondo en segundo plano mientras te concentras en lo que Dios te ha llamado a hacer.

Dios usa nuestros antecedentes para darnos forma para el servicio. Si bien Dios puede llamarte desde cualquier contexto, también está claro que Dios usa nuestros antecedentes para darnos forma para el servicio en un contexto específico. La temprana exposición de Moisés a su herencia de fe le dio la perspectiva que necesitaba para darle la espalda a la vida privilegiada de un príncipe. Su adopción y años de separación de su familia biológica dieron forma a la manera en que se relacionó con los demás y se interesó por ellos. Su tiempo en el palacio y su formación académica lo equiparon de manera única para regresar a la corte del Faraón y pedir que se libere al pueblo de Dios. Conocía el protocolo y el lenguaje del palacio de una forma que ningún otro hebreo podría haber conocido. Del mismo modo, su origen no lo califica para el servicio, pero Dios lo usa para equiparlo para servir.

Lee las siguientes escrituras con trasfondo y reflexione sobre cómo puede Dios usar tu trasfondo para moldear tu lugar y estilo de liderazgo como un líder siervo - Éxodo 2: 1-2; Hebreos 11: 23-29; Números 12: 3; Hechos 7: 17-44 y Deuteronomio 34:10.

Para mayor reflexión y discusión:

1. ¿Qué experiencias de vida han moldeado significativamente la forma en que lidero? (Reflexiona sobre tus antecedentes religiosos, educativos y sociales)

2. ¿Cómo ha usado Dios mi experiencia para equiparme de forma única para dirigir el lugar actual donde, estoy sirviendo?

3. ¿Fácilmente miro a mi pasado y lo exalto? ¿Cuál es el resultado de un enfoque poco saludable en mi pasado?

4. ¿Cuál es el trasfondo de la iglesia u organización que lidero?

5. ¿De qué manera Dios me ha dado una forma única para cumplir Sus propósitos en este tiempo y lugar?

23. MOISÉS: PRIMEROS INTENTOS DE LIDERAZGO

¡El primer intento de liderazgo registrado de Moisés fue un desastre! *"Un día, cuando ya Moisés era mayor de edad, fue a ver a sus hermanos de sangre y pudo observar sus penurias. De pronto, vio que un egipcio golpeaba a uno de sus hermanos, es decir, a un hebreo. Miró entonces a uno y otro lado y, al no ver a nadie, mató al egipcio y lo escondió en la arena"* (Éxodo 2: 11-12).

Quizás Moisés ya sabía que Dios lo había llamado para rescatar a su pueblo. Al menos, su motivación principal era traer cambios, corregir la injusticia que vio y ver el fin del sufrimiento de su pueblo. Pensó que su gente reconocería su llamado a liderar, pero no lo hicieron. Su acción fue decisiva pero eligió el momento y el método incorrecto. El resultado lo llevo a huir para salvar su vida y pasar 40 años en el desierto antes de estar listo para intentarlo nuevamente. Vemos al menos tres formas en la que los primeros intentos de liderazgo de Moisés no fueron las de un líder siervo.

Moisés actuó de forma independiente. En este momento de su vida, Moisés estaba listo para ser el héroe que rescataría a su pueblo por sí solo. Aún no había aprendido el valor de un equipo o lo que significa trabajar bajo la autoridad. Moisés debe haber imaginado que iba a ser su esfuerzo y habilidad lo que lograría la tarea. Pero el liderazgo de servicio se trata de trabajar con y a través de las personas, no ser un héroe solitario. Los líderes siervos aprenden que el liderazgo no se trata de ellos, su visión y su capacidad, sino de aprender a escuchar lo que Dios quiere para mover a la gente en esa dirección. Los líderes siervos están llamados a actuar, pero no están llamados a actuar independientemente de la dirección de Dios y el consejo de un equipo sabio.

Moisés actuó impulsivamente. Moisés vio la situación, tomó la decisión de involucrarse y mató al egipcio en lo que parece ser un tiempo muy corto. Los líderes están orientados hacia la acción; ¡ellos quieren cambio y a menudo lo quieren ahora! Pero los actos impulsivos a menudo son más destructivos que útiles. Los líderes siervos no solo buscan acción, sino que buscan la acción correcta. Están dispuestos a buscar consejo y orar por sabiduría antes de actuar. Exhiben autocontrol, un fruto del Espíritu. Están orientados a la acción, pero no son impulsivos.

Moisés actuó en secreto. Antes de matar al egipcio Moisés miró a su alrededor para asegurarse que nadie lo miraba. Después, usó arena para cubrir lo que había hecho. ¡Sabía que estaba mal! Por supuesto, él podría racionalizarlo por sus buenos motivos, pero cuando su acto de liderazgo debe ser seguido por un encubrimiento, ¡reconsidere! Los líderes siervos caminan en franqueza y transparencia. No están haciendo tratos debajo de la mesa o en rincones oscuros. El objetivo de los líderes siervos es nunca hacer nada de lo que pudieran avergonzarse si se publicara en la primera página de los periódicos del día siguiente.

Moisés lo intentó con todas sus fuerzas, pero aún no estaba listo para el desafío del liderazgo de servicio. Dios necesitaría llevarlo al desierto para el próximo nivel de desarrollo de liderazgo, y en nuestro próximo capítulo examinaremos ese paso. Pero gracias a Dios que los primeros intentos fallidos de liderazgo de Moisés no impidieron que Dios lo usara. ¡De la misma manera, nuestros primeros intentos de liderazgo no necesitan ser nuestros últimos! Dios es misericordioso y todavía tenía un plan para usar a Moisés y también continuará moldeando a nuestro liderazgo.

Para mayor reflexión y discusión:

1. ¿Hay áreas en mi liderazgo en las que actúo independientemente de los demás?

   ¿Independientemente de Dios?

2. ¿En mi liderazgo, Cuándo he actuado por impulsos cuáles no son los correctos?

3. ¿Cuál fue el resultado y qué puedo aprender de ese error?

4. ¿En qué medida mi liderazgo se caracteriza por el autocontrol?

5. ¿Cómo puedo permitir que el Espíritu de Dios desarrolle más autocontrol en mi vida? (Véase Gálatas 5: 22-23)

6. ¿He tomado alguna decisión o tomado alguna medida la semana pasada de la cual no quiero que otros sepan?

7. ¿Hay algo que esté haciendo actualmente que avergüence a la causa de Cristo si se publicitara en el periódico de mañana?

24. MOISÉS: PREPARACIÓN EN EL DESIERTO

La vida y el liderazgo de Moisés tuvieron un cambio dramático después de su primer intento de liderazgo. Faraón descubrió lo que Moisés había hecho y trató de matarlo. *"Pero Moisés huyó del faraón y se fue a la tierra de Madián..."* (Éxodo 2: 15b). Imagina la transición. Moisés pasa de ser *"poderoso en el habla y la acción"* (Hechos 7:22) a ser un extraño desconocido en el desierto. Un día fue un miembro privilegiado de la familia gobernante en Egipto; al día siguiente, un fugitivo que huía. Un día tenía sirvientes a su disposición; al día siguiente, no había nadie que prestara atención a sus necesidades. Durante los siguientes 40 años, Moisés vivió en el desierto como pastor mientras Dios lo preparaba para ser un líder siervo. Al observar lo que le sucedió a Moisés en el desierto, podemos obtener valiosos principios acerca de cómo Dios prepara a los líderes siervos.

Preparar a líderes siervos requiere el desarrollo del carácter. Moisés no se convirtió en el hombre más dócil de la tierra en el palacio; él desarrolló esta característica en el desierto. Dios tomó este tiempo para dar forma estratégica al carácter de Moisés. En el desierto, sus títulos reales no importaban. Su habilidad para moverse por los pasillos del palacio no lo ayudó a encontrar su camino al pozo de agua. Su educación en este punto parece haberse desperdiciado. Es un momento de quebrantamiento y humillación para Moisés. Dios lo estaba preparando para los desafíos de liderar una nación donde su carácter sería duramente probado. Necesitaba aprender a manejar el poder milagroso sin orgullo; necesitaría resistir tremendas oposiciones y rebeliones sin represalias. Este tiempo de entrenamiento del carácter fue tan efectivo que en el resto de la vida y el liderazgo de Moisés, solo encontramos una vez cuando falló en una prueba de su carácter. Dios moldea nuestro carácter a lo largo del tiempo permitiéndonos pasar por nuestro propio tiempo de prueba. Él está más interesado en una base sólida que en un exterior pulido.

Preparar a líderes siervos requiere actos de servicio. Moisés había aprendido el arte de quitar la vida en Egipto. Ahora necesitaba aprender la habilidad de cuidar y alimentar a otros. Aprendió a servir a los demás, no a través de acciones heroicas, sino a través de pequeños actos de sacrificio. Su corazón para servir lleva a Moisés a rescatar a las hijas de Madián y darle agua a su rebaño. A partir de ese acto, Dios le da una esposa y luego hijos, ¡más oportunidades para aprender a servir a los demás! El acto de pastoreo durante años debe haberle enseñado mucho a Moisés sobre cómo cuidar las necesidades de las ovejas, protegerlas del peligro, encontrar alimentos para sus necesidades físicas y alimentar a las ovejas débiles o enfermas. Aquellos a quienes Dios usará como líderes siervos deben aprender a servir a los demás. Aquellos que no estén dispuestos a pagar el precio de acciones de servicio anónimas no son capaces de liderar desde la cumbre con un corazón de siervo.

Preparar a líderes siervos requiere tiempo. ¡40 años es mucho tiempo! ¿No había una manera más rápida para que Dios le enseñara a Moisés todo lo que quería que él aprendiera? Vivimos en un mundo moderno donde queremos resultados instantáneos y esperamos que los líderes se desarrollen rápidamente. Pero el desarrollo del liderazgo es un proceso que lleva tiempo y no hay atajos para el proceso de preparación de Dios.

Tan duro e incómodo como el desierto debe haber sido para Moisés, es el lugar que Dios eligió para prepararlo. Muchos otros líderes bíblicos como Elías, David, Jesús y Pablo pasaron tiempo de transformación en aislamiento. La madurez del liderazgo se forja en el yunque de la dificultad y los líderes siervos le permiten a Dios completar su trabajo en el desierto.

Después de 40 años como pastor, Moisés estaba listo para el llamado que transformaría su vida. Veremos eso en nuestro próximo capítulo.

Para mayor reflexión y discusión:

1. ¿Hay áreas de tu liderazgo en las que sientes que la base no es lo suficientemente sólida como para respaldar el rol que estás desempeñando?

2. ¿Qué puedes aprender de la preparación de Moisés, en áreas que puede ayudarte?

3. Sientes que te encuentras en una etapa de preparación para el liderazgo, reflexiona sobre lo que Dios está haciendo.

4. ¿En qué áreas de tu carácter Dios está trabajando en tu vida?

5. ¿Qué actos de servicio te está llamando a hacer que pasarían desapercibidos para los demás?

6. Lee los relatos de otros líderes bíblicos que tuvieron experiencias en el desierto en 1 Reyes 19; 2 Samuel 1, Mateo 4 y Gálatas 1: 17-18. ¿Qué aprendes de su experiencia y qué áreas son útiles para tu liderazgo?

25. MOISÉS: UN LLAMADO ÍNTIMO

Después de 40 años cuidando ovejas en el desierto, Dios llama a Moisés a sacar a su pueblo de Egipto. Dios usa una zarza ardiente para llamar la atención de Moisés. La experiencia dramática registrada en Éxodo 3: 1-4: 31 proporciona un marco para el llamado de Dios a todos los líderes siervos.

Dios llama a aquellos que ha preparado. El llamado de Dios a Moisés vino después de 40 años de moldearlo en el desierto. Los primeros intentos de liderazgo de Moisés revelaron que tenía mucho que aprender. Después de 40 años de entrenamiento en el desierto, Moisés estaba preparado para la acción. Se sintió honrado y aprendió la disciplina del trabajo duro. Su excelente formación académica ahora se equilibró con la experiencia en el trabajo. Moisés estaba preparado para el llamado.

Dios llama a aquellos que están activos. Dios llamó a Moisés mientras estaba en el trabajo. Estaba ocupado con sus deberes diarios, trabajando fielmente como pastor y supliendo las necesidades de su familia. En esta posición, Dios lo llamó. Algunos líderes se sientan a esperar su gran oportunidad de aparecer, pero Dios se deleita en el uso de personas que ya son fieles en lo que están haciendo. **Dios llama a los líderes primero a sí mismo**. El liderazgo de servicio comienza con una relación personal con Dios. Dios buscaba la atención de Moisés a través de la zarza ardiente y respondió rápidamente cuando Moisés se volvió hacia él. Este encuentro inicial marcó el comienzo de una relación cara a cara con Dios que marcaría el liderazgo de Moisés. Si bien es posible que no experimentemos una zarza ardiente, cualquier liderazgo que no fluya desde la base de un encuentro con Dios no es un liderazgo de servicio. Jesús llamó a sus discípulos para estar con él antes de enviarlos a predicar (Marcos 3:14). Dios desea una relación más que servicio e invita a todos a su presencia. En su presencia, entendemos su amor y el trabajo al que nos ha llamado. Esto es realmente un llamado íntimo.

El llamado de Dios satisface una necesidad humana. El llamado de Dios a Moisés fue claramente en respuesta a la difícil situación de su pueblo que sufría en Egipto. Dios siempre llama a los líderes siervos para cumplir una parte de su plan para el mundo, satisfacer las necesidades de su pueblo. Ya sea que sirva en el liderazgo de la iglesia, en su profesión o en un negocio, el llamado de Dios a su vida no es solo para satisfacer sus necesidades; es para suplir una necesidad específica en Su mundo. Reflexiona por un momento sobre cómo tu liderazgo cumple con las necesidades de quienes te rodean.

El llamado de Dios provoca una sensación de insuficiencia. A medida que Moisés comenzó a comprender el alcance del llamado de Dios, él responde con un profundo sentido de insuficiencia. ¿Y quién soy yo para presentarme ante el faraón y sacar de Egipto a los israelitas? " (Éxodo 3:11). Moisés está tan quebrado después de 40 años en el desierto que casi se ve a sí mismo como incapaz de liderar. Sin embargo, en esta condición de duda, Moisés estaba más preparado que antes cuando confiaba en su propia fuerza. Los líderes siervos aprenden a confiar en la fortaleza de Dios para llevar a cabo la misión. Su confianza no proviene de sus propias habilidades sino de la relación intima que tienen con Aquel que los llamo. De este llamado fluye el liderazgo valiente que examinaremos en el próximo capítulo.

Para mayor reflexión y discusión:

1. ¿Tienes la certeza del llamado de Dios en el rol de liderazgo que estas ejerciendo?

2. De ser así, reflexiona sobre cómo esto afecta tu liderazgo. Si no, ¿qué debes hacer para confirmar su dirección para tu liderazgo?

3. ¿Ves tú liderazgo como un llamado a una relación con Jesús, o como un llamado a actuar?

4. ¿Qué diferencia hace en la forma en que lideras?

5. ¿Te sientes humanamente adecuado para lo que Dios te ha llamado a hacer?

6. ¿Cómo te ayuda el encuentro de Moisés con Dios?

7. ¿Te resulta fácil dirigir con tus propias fortalezas en lugar de confiar en la provisión y dirección de Dios?

8. ¿Qué te enseña la vida de Moisés?

26. MOISÉS: LIDERANDO CON VALOR

"Después de eso, Moisés y Aarón se presentaron ante el faraón y le dijeron: "Deja ir a mi pueblo" (Éxodo 5: 1). Con esta sencilla oración, Moisés comienza lo que serán cuarenta años de liderazgo. ¡Para Moisés, y cada líder siervo, después del llamado de Dios, hay trabajo por hacer! Su entrada en la corte de Faraón es una lección de valor para cada uno de nosotros.

Reflexiona conmigo por un momento sobre el por qué fue un acto de valentía. Primero, Moisés estaba entrando de nuevo en Egipto, donde cuarenta años antes había huido como un fugitivo. Su nombre seguramente todavía estaba en la lista del gobierno de hombres buscados, ¡pero él entró audazmente y se dirigió directamente a la ciudad capital! En segundo lugar, mostró valor al ingresar en la oficina del líder más fuerte del mundo en ese momento. Los pastores usualmente no tienen el valor de andar en ese tipo de pasillo. Finalmente, el valor de Moisés se reveló en su petición audaz: "Deja ir a mi pueblo". No estaba pidiendo un pequeño favor; estaba sugiriendo que Faraón abandone su motor económico. ¿Qué podemos aprender del valor de Moisés?

El valor fluye del llamado de Dios. El encuentro de Moisés con Dios en el desierto lo convenció de que había sido llamado por Dios para sacar a la gente de Egipto y le dio el valor que necesitaba para enfrentar a Faraón. El valor de Moisés no vino de sus propias habilidades ya que los cuarenta años en el desierto lo dejaron como un hombre quebrantado. Él había dejado Egipto poderoso en palabra y muy consciente de sus propias habilidades, pero ahora regresa como un hombre llamado por Dios. Cuando asesinó al egipcio cuarenta años antes, tenía fuerza física; él ahora regresa con valentía moral. Fue el llamado de Dios el que marcó la diferencia en su vida y que empodera a todos los líderes siervos.

Para meditar: ¿Siento el llamado de Dios en lo que estoy haciendo en la medida en que tengo el valor necesario para cumplir ese llamado?

El valor se enfoca en la misión de Dios. Moisés encontró valor al enfocarse en la misión o el trabajo al que Dios lo llamó. Él no había regresado a Egipto para ver las pirámides; él tenía una misión que cumplir. Su pueblo estaba en esclavitud y sufriendo a manos de Faraón. Pero Moisés podía ver a su pueblo como una nación libre; libre para vivir donde quisieran y libre para adorar como Dios deseaba, y él sabía que su tarea era guiar a la gente hacia este objetivo. No fue la misión de Moisés; era de Dios, y ese enfoque le permitió a Moisés moverse con valentía. Centrarse en una misión más grande que nuestros propios intereses infunde un sentido de propósito y valor. Muchos líderes a menudo carecen de valor porque se centran en su propia pequeña misión de beneficio egoísta. Los líderes siervos no son jactanciosos que buscan impulsar su propia agenda. En cambio, su valor proviene de la misión de Dios, y no son tímidos para empujar su agenda.

Para meditar: ¿Me enfoco en la misión de Dios en mi liderazgo o en mi propia agenda?

El liderazgo requiere valor. Se necesita valor para estar de pie cuando nadie más está de pie. Se necesita valor para llamar a las personas a comprometerse con una causa más grande que ellos mismos. El liderazgo no es para los débiles de corazón. Los líderes siervos, como Moisés, no encuentran valor en quiénes son o en sus propias agendas. Más bien, encuentran valor en su sentido de llamado y un claro enfoque en la misión por la cual Dios los llevó al liderazgo. Su valor se basa en la convicción más que en la presunción. Inspira confianza en quienes lideran y sigue avanzando incluso cuando surgen obstáculos. Veremos más sobre esta persistencia en nuestro próximo capítulo.

Para mayor reflexión y discusión:

1. ¿Qué problemas en mi liderazgo ahora mismo necesitan valor?

2. ¿Qué puedo aplicar desde el liderazgo de Moisés a mi propio viaje?

3. Como seguidor, ¿cuál es mi respuesta natural cuando siento valor en un líder?

4. ¿Qué me enseña eso sobre mi propio liderazgo?

5. ¿Cuál ha sido el resultado de mi liderazgo cuando carecía de valor?

   ¿Fue por mis propios miedos y / o inseguridades?

6. ¿Tengo un sentido claro del llamado y la misión de Dios o estoy centrado en mi propia agenda?

27. MOISÉS: LIDERANDO CON PERSEVERANCIA

Y Faraón respondió: "¿Quién es Jehová, para que yo oiga su voz y deje ir a Israel? Yo no conozco a Jehová, ni tampoco dejaré ir a Israel" (Éxodo 5: 2). ¡Apenas habían transcurrido tres minutos en el ministerio de Moisés cuando ya estaba experimentando oposición! Esta oposición de Faraón continuaría por semanas mientras Dios traía las diez plagas sobre la tierra de Egipto. Como si esto no fuera suficiente, incluso la gente a la que Moisés estaba tratando de ayudar se negó a escucharlo (Éxodo 6: 9). Una cosa es comenzar con valor, y otra muy distinta continuar cuando surge todo tipo de oposición. Se necesita persistencia para seguir adelante cuando las cosas son difíciles y los líderes siervos aprenden del ejemplo de Moisés cómo liderar con perseverancia.

Liderar con perseverancia requiere ayuda. No pasó mucho tiempo después del primer encuentro de Moisés con Faraón antes de regresar al Señor y le dijera: "*Señor, ¿por qué afliges a este pueblo? ¿Para qué me enviaste?*" (Éxodo 5:22). Moisés sabía que necesitaba ayuda para seguir adelante y recurre a la fuente de su llamado y visión, que es Dios mismo. A medida que la trama continúa desarrollándose, Moisés descubre que liderar con perseverancia es emocionalmente agotador y más cuando "arde en ira" después de abandonar el palacio del Faraón (Éxodo 11: 8). Moisés no es inmune a la enorme carga que el liderazgo tiene para los hombres y mujeres que lideran en tiempos difíciles. Al igual que Moisés, los líderes siervos no tienen miedo de admitir que necesitan la ayuda de Dios y de quienes los rodean. Buscan deliberadamente el consejo de Dios y comparten sus preguntas de manera apropiada con los mentores y colegas.

Liderar con perseverancia exige una visión a largo plazo. Para atravesar los días difíciles de las plagas, Moisés tuvo que mantenerse enfocado en el futuro. Dios le recordó repetidamente a Moisés la promesa de sacar al pueblo de Egipto. Esta visión del futuro le permitió a Moisés perseverar a través de las muchas conversaciones con Faraón, promesas incumplidas, esperanzas frustradas y todas las diez plagas. Los seguidores se enfocan en los problemas inmediatos, pero los líderes se mantienen enfocados en la visión de hacia dónde se dirigen. Si está atravesando un momento económico difícil o un momento en que las personas se van en lugar de unirse a su causa, mire de nuevo la visión a largo plazo. Los líderes siervos encuentran fortaleza al recordarse lo que Dios quiere hacer en el futuro.

Liderar con perseverancia produce victoria. A través de las diez plagas, Moisés siguió avanzando. Pasó del palacio de Faraón a la asamblea de líderes y de regreso al palacio. Tomó tiempo y muchos eventos importantes antes de que el corazón de Faraón cambiara con la muerte de su hijo, pero finalmente, después de siete capítulos de lucha, el pueblo de Dios es liberado de Egipto. La victoria no llegó en la primera ronda o incluso en la quinta, pero se produjo cuando Moisés persistentemente siguió la dirección de Dios y se negó a darse por vencido. *¿Qué hubiese pasado si Moisés hubiera desistido por la desesperación cuando la* séptima plaga no trajo el cambio que esperaba? Él entendió que algunos desafíos de liderazgo toman mucho tiempo para ganar y requieren líderes que se nieguen el darse por vencidos. Los líderes siervos pueden seguir liderando hasta que se logre la victoria.

Si enfrenta un desafío de liderazgo y ha sentido el deseo de darse por vencido, aprenda del liderazgo de Moisés que pasan cosas buenas a los líderes que no renuncian. Pide ayuda, ten en cuenta la visión a largo plazo y continúa hasta que veas la victoria. En el siguiente capítulo, aprenderemos de Moisés sobre la celebración de esas victorias.

Para mayor reflexión y discusión:

1. ¿Como líder, a dónde acudes en busca de ayuda cuando lo necesitas?

2. ¿Has desarrollado un grupo cercano de amigos a los que puedas acudir cuando enfrentas desafíos difíciles en el liderazgo?

3. ¿Eres rápido en acudir a Dios en busca de Su dirección, tal como lo hizo Moisés?

4. ¿Eres capaz de saber cuándo has llegado al final de tus reservas emocionales?

5. ¿Cuáles son las señales que te alertan para saber que estás agotado?

6. ¿Normalmente te centras en los obstáculos a corto plazo o en la visión a largo plazo?

28. MOISÉS: LIDERANDO PARA LA CELEBRACIÓN

¡Al fin llegó la victoria! Después de liderar con valor y perseverancia y atravesar todo el drama de las 10 plagas, Moisés finalmente saca al pueblo de Egipto. Pero casi tan pronto como abandonaron la tierra de su esclavitud, se encontraron con el ejército de Faraón que había cambiado de opinión sobre la liberación de su fuerza de trabajo gratuito. Pronto Moisés y el pueblo quedaron atrapados entre el ejército de Faraón y el Mar Rojo sin ningún medio de escape. Pero Dios realizó otro milagro más y abrió el mar para que cruzaran en tierra firme. El ejército de Faraón intentó seguirlos pero todos fueron destruidos en el agua. Después de esta gran victoria, Moisés lidero a los israelitas en una canción de victoria y un tiempo de celebración. Podemos aprender de la historia en Éxodo 15 cómo liderar para la celebración.

Los líderes siervos inician la celebración. *Entonces Moisés y los israelitas entonaron un cantico en honor al SEÑOR...* (Éxodo 15: 1). No sabemos si Moisés fue un gran cantante o desafiado musicalmente, pero él dirigió al grupo en un cantico de celebración. No delegó la tarea al comité de celebración; ¡él estaba en primera fila! Los líderes con visión a menudo cometen el error de centrarse únicamente en el futuro y lo que se necesita para llegar allí. Moisés sabía que todavía no estaban en la Tierra Prometida. Sin embargo, se había alcanzado un paso significativo hacia ese objetivo y detuvo la peregrinación por un momento para celebrar. Esta celebración no costó dinero, pero si requirió un líder que pidió tiempo para celebrar. Su ejemplo nos desafía a detenernos en cada victoria significativa y celebrar. Los líderes siervos reconocen que cuando Dios trae éxito, es necesario celebrar. Los líderes siervos reconocen la profunda necesidad que tiene la gente de celebrar y encontrar formas de hacerlo realidad.

Los líderes siervos celebran lo que Dios ha hecho. *"Cantaré al Señor, que se ha coronado de triunfo arrojando al mar caballos y jinetes"* "(Éxodo 15: 1-12). La celebración de Moisés se centró en lo que Dios había hecho. Él resistió la tentación de decir: "¿Viste lo que sucedió cuando estiré mi mano sobre el agua?" Se centró en el trabajo de Dios, y no en el trabajo de él. Los líderes *egoístas* celebran lo que ellos mismos han hecho, los líderes *buenos* celebran lo que 'nosotros' hemos hecho; ¡Los líderes *siervos* celebran lo que Dios ha hecho!

Los líderes siervos celebran lo que Dios hará. *"Por tu gran amor guías al pueblo que has rescatado; por tu fuerza los llevas a tu santa morada"*(Éxodo 15: 13-18). Con estas palabras, la canción de Moisés cambia de lo que Dios acaba de hacer a lo que hará. Moisés utiliza hábilmente el momento de la celebración no solo para mirar hacia atrás, sino para replantear la visión de hacia dónde los lleva Dios. Moisés les recuerda a la gente que hay más para ellos y más victorias por delante. Las celebraciones brindan una oportunidad maravillosa para que los líderes siervos recuerden a las personas el objetivo final. La celebración de victorias brinda el aliento necesario para abordar el próximo desafío u obstáculo. Es probable que Moisés no tuviera idea de los desafíos que estaba por enfrentar, pero sabiamente usó este tiempo para construir confianza en la habilidad de Dios para llevarlos a su destino final.

¿Qué ha hecho Dios por ti y por el grupo que lideras para celebrar hoy o esta semana? ¡Canta una canción... o al menos encuentra una forma de celebrar!

Para mayor reflexión y discusión:

1. ¿Lidero con celebración o lo considero una pérdida de tiempo y recursos?

2. ¿He creado una cultura de celebración entre los que lidero?

3. ¿Mis celebraciones se centran en mis propios logros, los de nuestro equipo o en el trabajo de Dios entre nosotros?

4. ¿He aprendido a usar cada celebración para recordarle a la gente la visión de nuestro grupo?

5. ¿Qué puede hacer nuestro grupo hoy o esta semana para celebrar?

29. MOISÉS: LIDERANDO CON EL DESCONTENTO

Tres días después de la exuberante celebración de la victoria sobre el ejército de Faraón, Moisés se enfrenta a un gran desafío para su liderazgo. *Comenzaron entonces a murmurar en contra de Moisés, y preguntaban: « ¿Qué vamos a beber?»* (Éxodo 15:24). Unas semanas más tarde, más desafíos: *Allí, en el desierto, toda la comunidad murmuró contra Moisés y Aarón* (Éxodo 16: 2). Poco tiempo después, nuevamente se quejaron de la falta de agua (Éxodo 17). Hacía calor, estaban cansados y hambrientos, expresaron su descontento con quejas, *¡Ustedes nos han traído a este desierto para matar de hambre a toda la comunidad!* (Éxodo 16: 3). ¿Qué podemos aprender de Moisés acerca de cómo los líderes siervos responden cuando los seguidores están descontentos?

¡Los líderes siervos claman a Dios cuando enfrentan el descontento! La primera respuesta de Moisés cuando las personas se quejaban era clamar a Dios (Éxodo 15:25, 17: 4). Los líderes siervos no dirigen solos y no necesitan depender de sus propios recursos o sabiduría para enfrentar los desafíos del liderazgo. ¡Gracias a Dios que tenemos un entrenador de líderes siempre presente!

Los líderes siervos anticipan el descontento. Moisés ya había estado en el desierto por 40 años. Sabía que era un ambiente hostil y que habría momentos de sed y de hambre. Además, entendió que los seguidores suelen pensar principalmente en sus propias necesidades y deseos. Cuando llegan las dificultades, su falta de fe se expresa en quejas. Los seguidores de Moisés debieron haber creído pasar directamente de la esclavitud a una tierra que fluye leche y miel, pero él anticipó un momento en el duro desierto.

Los líderes siervos separan su liderazgo del descontento. La multitud dirigió claramente sus quejas hacia Moisés, pero él no se lo tomó personalmente. Como un líder siervo, Moisés reconoció que la visión no era suya y ¡tampoco lo eran las quejas! Él le recuerda a la gente: *¡Ustedes no están murmurando contra nosotros, sino contra el Señor!* (Éxodo 16: 8). Los líderes necesitan cierta cantidad de "auto-desprendimiento" de su rol para darse cuenta de que los seguidores pueden tener problemas que no tienen nada que ver con su liderazgo. Ciertamente, hay momentos en que el descontento de los seguidores es el resultado de nuestro liderazgo deficiente. Entonces deberíamos pedirle a Dios que nos revele el problema y cambie nuestro liderazgo. Pero en este caso, Moisés no tuvo la culpa. Él logró separar el rol de líder de su propia identidad y por lo tanto, pudo reaccionar con calma ante las quejas de la multitud. Él no defendió su posición o autoridad como los líderes están tentados a hacer cuando son atacados. Él se enojó por la desobediencia de los seguidores, pero no pareció dirigir su ira a sus quejas, solo su desobediencia a las instrucciones de Dios (Éxodo 16:20).

Los líderes siervos combaten el descontento al rediseñar la visión. Tan pronto como Dios proveyó agua, a través de Moisés hizo una nueva promesa a la gente (Éxodo 15:26). Después de proporcionar el maná, Él reveló su gloria (Éxodo 16:10). Moisés se dio cuenta de que las quejas no eran un asunto de comida y agua; sino eran un problema de visión. Cuando las personas se quejan de su salario o condiciones laborales, es posible que hayan perdido la visión. Los líderes siervos no se negarán a abordar las necesidades físicas, pero también buscarán dirigir el enfoque de las personas hacia la visión. Ayudan a los seguidores a interpretar la situación actual a la luz del objetivo final y exhortan a los seguidores a perseverar ante las adversidades presentes por el bien del éxito futuro.

Este descontento, como veremos más adelante en nuestro estudio, daría lugar a una crítica directa y, finalmente, a una rebelión abierta. Pero por ahora, Moisés navegó con seguridad las turbulentas aguas del descontento y nos da la esperanza de que también podamos superar las turbulentas aguas del descontento.

Para mayor reflexión y discusión:

1. ¿He clamado a Dios ante el descontento o busco resolver los problemas con mi propia fuerza?

2. ¿Cómo he batallado con el descontento en mi organización?

3. ¿Lo he tomado personalmente o puedo permanecer separado de los ataques?

4. ¿De qué manera mis seguidores expresaron descontento en los últimos seis meses?

5. ¿Alguna de sus quejas es un tema legítimo en el liderazgo que debo abordar?

6. ¿Quién puede ayudarme a saber cuáles son cuestiones de liderazgo y cuáles son simplemente cuestiones de descontento?

7. ¿He rediseñado la visión de mis seguidores que se quejan? ¿Está claro en mi mente que Dios me llevará a través de la situación actual para lograr su visión?

30. MOISÉS: APRENDIENDO A DELEGAR

¡Luz, cámara, acción! Imagínese a Moisés, con su bastón en la mano, golpeando una roca seca, y mientras los ancianos miran, el agua brota. Desde allí se mueve al campo de batalla donde sus manos extendidas ganaron la victoria sobre los amalecitas. ¡Estas escenas hacen que Moisés se vea como un gran líder para hacer el trabajo! Pero Dios lo está preparando para una gran lección de liderazgo. En la roca, otros simplemente miran. En el campo de batalla, Moisés se cansó y se dio cuenta de que necesitaba la ayuda de Aaron y Hur para ganar la batalla. Pero le tomó una visita al suegro de Moisés, Jetro, para enseñarle que los líderes siervos aprenden a delegar. *"Cuando su suegro vio cómo procedía Moisés con el pueblo, le dijo: ¡Pero qué es lo que haces con esta gente! ¿Cómo es que solo tú te sientas, mientras todo este pueblo se queda de pie ante ti desde la mañana hasta la noche?...No está bien lo que estás haciendo"* (Éxodo 18:14, 17).

Jetro, con esta reprensión, le da a Moisés una lección poderosa de liderazgo. A pesar de los grandes logros que había logrado Moisés, su liderazgo no era bueno porque lo estaba haciendo solo. Moisés estaba sirviendo a la gente tratando de satisfacer sus necesidades Ese es un gran corazón de servicio, pero liderazgo pobre. Los líderes siervos reconocen que la mejor manera de servir a los demás es capacitarlos para compartir el trabajo. Jetro le enseñó a Moisés que los líderes siervos no tienen éxito por el trabajo que hacen, sino por la forma en que capacitan a otros para que trabajen a través de delegar. ¿Qué podemos aprender acerca de Jetro y Moisés sobre la importancia el delegar?

El delegar ocurre intencionalmente. De manera involuntaria, Moisés estaba trabajando duro como muchos líderes. La gente se amontonaba a su alrededor con sus necesidades, ¡y él estaba ocupado! Los líderes siervos toman una decisión consciente para dejar de trabajar para enfocarse en delegar deliberadamente. Nunca va a suceder por accidente.

El delegar aliviana la carga. Moisés llevaba una gran carga desde la mañana hasta la tarde y todos los días. Jetro le aconsejó que compartiera la carga con otros para que él pueda *aguantar* (Éxodo 18:23). El liderazgo de Moisés nunca habría durado 40 años si hubiera continuado al ritmo que iba. Los líderes siervos reconocen que una parte integral al liderar es establecer un ritmo que sea sostenible y permitirá que otros alivianen la carga.

El delegar otorga autoridad a otros. Cuando Moisés llamó a hombres capaces para ayudar en el trabajo, estos líderes pudieron desarrollar su propio potencial. No hay nada más poderoso para un líder emergente que cuando un líder con más experiencia lo ve a los ojos y le dice: "¡Creo que puedes hacer esto!". Los líderes egoístas delegan para lograr sus propios objetivos, pero los líderes siervos delegan para dar autoridad y desarrollar a los demás. Se deleitan en ver a otros crecer en su capacidad de liderazgo.

El delegar logra que los objetivos sean alcanzados. Jetro sabiamente concluyó que cuando Moisés delegue el trabajo, *el pueblo, por su parte, se irá a casa satisfecho* (Éxodo 18:23). Los líderes inseguros creen que nadie más puede hacer el trabajo tan bien como ellos lo hacen, por lo que se niegan a delegar. Los líderes siervos reconocen que cuando se comparte el trabajo, la tarea se completará. Estos líderes se dan cuenta de que son *responsables* de ver que el trabajo está terminado, pero no *pueden* hacerlo solos.

El crédito de Moisés, fue haber escuchado el sabio consejo de Jetro e hizo cambios inmediatos en su estilo de liderazgo. ¡Todos se beneficiaron de su cambio, y estoy seguro de que su esposa y sus hijos estaban emocionados de verlo en casa para cenar esa noche por primera vez después de mucho tiempo!

Para mayor reflexión y discusión:

1. ¿Tengo un "Jetro" en mi vida?

2. ¿Los invito a hablar sobre mis prácticas de liderazgo?

3. Evalúe su liderazgo con las siguientes preguntas:
   ¿Soy culpable al tratar de hacer todo el trabajo yo mismo?

   ¿Puedo mantener mi ritmo de liderazgo a largo plazo?

   ¿Le he dicho a alguien últimamente, "Creo que puedes hacer esto"? ¿A quién fue?

4. Reflexiona sobre cómo Moisés eligió a los hombres para dirigir. ¿Qué cualidades consideró?

5. ¿Cuál es mi plan para desarrollar a otros a mí alrededor?

6. ¿Estoy buscando conscientemente cosas que otros puedan hacer para construirlas y ayudar a cumplir la visión que Dios tiene para nuestro grupo?

7. ¿Qué pasos puedo tomar hoy para delegar?

31. MOISÉS: LIDERANDO DESDE LA PRESENCIA

Nada más profundo para modelar el liderazgo de Moisés es el tiempo que pasó en la presencia de Dios. *Cuando Moisés descendió del monte Sinaí, traía en sus manos las dos tablas de la ley. Pero no sabía que, por haberle hablado el Señor, de su rostro salía un haz de luz* (Éxodo 34:29). Esta transformación física fue solo un signo externo de la relación que Dios desea tener con cada líder siervo. ¿De qué manera el estar en la presencia de Dios hace una diferencia en nuestro liderazgo? **Liderar desde la presencia de Dios forma al líder.** No hay duda de que la vida de Moisés estaba profundamente moldeada por sus frecuentes encuentros cara a cara con Dios. Su encuentro con la zarza ardiente fue un evento único que confirmó su llamado a liderar, pero estos encuentros regulares con Dios lo convirtieron en un gran líder. En la presencia de Dios, Moisés aprendió a conocer al asombroso Dios de la zarza ardiente en una relación tan profunda que hablaban como amigos (Éxodo 33:11). Moisés no entró en la presencia de Dios solo para un entrenamiento o instrucción de liderazgo; fue a encontrarse con su Dios. Él no buscaba un brillo sobrenatural en su rostro para impresionar a los seguidores, sino que simplemente se transformó por la presencia de Dios. El tiempo en la presencia de Dios transforma el carácter y da forma a la persona interna del líder. En la presencia de Dios, mi propio pecado, egoísmo o motivos equivocados están expuestos y cambiados. Encuentro fortaleza y valor para continuar para hacer lo correcto. **Liderar desde la presencia de Dios proporciona dirección al líder.** Moisés obtuvo la dirección de Dios mientras pasaba tiempo en su presencia. Bajó de la montaña con los Diez Mandamientos, y también con el plan de cómo debería vivir el pueblo de Dios. Además, Moisés condujo al pueblo a encontrarse con Dios como él lo había hecho (Éxodo 19:17). Los líderes siervos experimentan la presencia de Dios y luego invitan a otros a unirse a ellos. Guiaran a la gente hacia el plan de Dios, no a su propio sueño o visión.

La nube de la presencia de Dios era una indicación constante de la dirección de Dios. Moisés anhelaba esta dirección en la medida en que le dijo a Dios: "*Si tu Presencia no va con nosotros, mejor no nos hagas salir de aquí*" (Éxodo 33:15). Anhelo una manifestación física tan clara de la dirección de Dios y a menudo me olvido de que Jesús prometió a cada uno de sus seguidores la guía del Espíritu de Dios (Juan 16:13). Los líderes siervos encuentran tiempo para entrar en la presencia de Dios y obtener una dirección clara para ellos y para los que lideran. **Liderar desde la presencia de Dios exige sacrificio del líder.** Hay un costo por estar en la presencia de Dios. Para Moisés en la montaña, ¡fueron 40 días sin comida ni agua! En otras temporadas de su liderazgo, encontró tiempo regularmente para entrar en la "tienda de reunión". Dios no cobra dinero por su presencia, pero hay un precio que pagar. Todos queremos el brillo en nuestra cara, pero pocos quieren pagar el precio de pasar tiempo con Dios o temporadas de ayuno para profundizar nuestra comunión. Los líderes siervos pagan el precio por la presencia de Dios. Se desgastan en su presencia de maneras que transforman su liderazgo en el hogar, en el negocio o en la iglesia. Su liderazgo ya no se trata de llamar a las personas a alcanzar sus propias metas, sino de llamar a las personas a experimentar también la presencia de Dios y alcanzar Sus metas. Cuando su liderazgo fluye fuera por el tiempo en la presencia de Dios, los seguidores verán el resplandor de Dios en sus vidas.

Para mayor reflexión y discusión:

1. ¿Pueden mis seguidores decir hoy que he estado con Jesús?

2. ¿Mi liderazgo se enfoca principalmente en lograr que las personas alcancen mis metas o ayudar a las personas a alcanzar los objetivos de Dios para nuestra organización?

3. ¿Qué diferencia haría en mi liderazgo si cada día comenzara con un tiempo en la presencia de Dios?

4. ¿Mi tiempo en la "tienda de reunión" es una parte integral de mi liderazgo o simplemente otra tarea en mi lista de "cosas para hacer"?

5. ¿Paso suficiente tiempo en la presencia de Dios para conocer su dirección para las decisiones que necesito tomar hoy?

32. MOISÉS: LIDERAZGO CON EL ROSTRO INCLINADO

Los líderes siervos reconocen que están en la brecha entre Dios y aquellos a quienes lideran. En el capítulo anterior, observamos que Moisés lidero al estar en la presencia de Dios. Una parte significativa de su tiempo en la presencia de Dios la paso con su rostro inclinado intercediendo en nombre de la gente. *Al día siguiente, Moisés les dijo a los israelitas: «Ustedes han cometido un gran pecado. Pero voy a subir ahora para reunirme con el SEÑOR, y tal vez logre yo que Dios les perdone su pecado»* (Éxodo 32:30). Su liderazgo con el rostro inclinado tiene mucho que enseñarnos como líderes siervos.

El liderazgo con el rostro inclinado se enfoca en las necesidades de los demás. Los líderes siervos le piden a Dios por las necesidades de su pueblo. *"Volvió entonces Moisés para hablar con el Señor, y le dijo: ¡Qué pecado tan grande ha cometido este pueblo al hacerse dioses de oro!"*(Éxodo 32:31). Es natural pedirle a Dios que satisfaga nuestras propias necesidades, y ciertamente hay un tiempo para esto, pero los líderes siervos se enfocan en las necesidades de los demás. En el liderazgo con el rostro inclinado, servimos a aquellos que dirigimos al llevar sus necesidades a Dios en oración.

El liderazgo con el rostro inclinado requiere sacrificio. Como gran parte del liderazgo de servicio, la intercesión es costosa. Para Moisés, significaba que una y otra vez regresaba a Dios para satisfacer las necesidades de la gente. Él sacrificó su tiempo y energía mental y emocional en nombre de aquellos a quienes estaba sirviendo. ¡Incluso estuvo dispuesto a sacrificar su propia posición con Dios por el bien de los demás! *"Sin embargo, yo te ruego que les perdones su pecado. Pero, si no vas a perdonarlos, ¡bórrame del libro que has escrito!"* (Éxodo 32:32). Al interceder, los líderes siervos sacrifican sus propias necesidades por el bien de sus seguidores.

El liderazgo con el rostro inclinado libera la carga del liderazgo. Moisés reconoció que la gente a la que lideraba era realmente el pueblo de Dios cuando le dijo a Dios: *"Ten presente que los israelitas son tu pueblo"* (Éxodo 33:13). Moisés sintió el peso de dirigir una nación entera y sabía que Dios lo había llamado a ese rol, pero la oración le permitió obtener la perspectiva de que estos no eran "su" pueblo. Él era responsable *ante* la gente, pero no *por* la gente. Los líderes siervos liberan las cargas de liderazgo a través de la intercesión. La iglesia, el negocio o el grupo que dirige no son realmente "tu" grupo; son simplemente el pueblo de Dios a quien ha confiado a tu liderazgo. No estamos en la cima de la jerarquía del liderazgo; simplemente actuamos como administradores del pueblo de Dios. Es fácil perder este enfoque a menos que pasemos tiempo postrados en oración. Los líderes siervos encuentran el equilibrio entre la intercesión activa y la liberación consciente de las cargas.

El liderazgo con el rostro inclinado toca el corazón de Dios. Y el SEÑOR dijo a Moisés: *"Está bien, haré lo que me pides —le dijo el Señor a Moisés—, pues cuentas con mi favor y te considero mi amigo"* (Éxodo 33:17).

Estoy sorprendido de cómo la intercesión de Moisés toca el corazón de Dios y cambia los resultados. Dios vio que el corazón de Moisés no era egoísta sino que estaba centrado en los demás. Las peticiones de Moisés le recordaron a Dios sus propias promesas y carácter. Repetidamente, Dios actuó en respuesta a las oraciones de Moisés. Si quieres tocar el corazón de Dios, ¡practica el liderazgo con el rostro inclinado enfocado en las necesidades de los demás! Ya sea que esté llamado a liderar en la iglesia, la educación, los negocios o el arte, toca el corazón de Dios postrándote para interceder por los que lideras.

———

Para mayor reflexión y discusión:

1. ¿Qué porcentaje de mi tiempo en oración se enfoca en mis necesidades? ¿Cuánto tiempo se centra en las necesidades de los demás?

2. ¿Mis oraciones están principalmente relacionadas con el éxito de mi propia organización o con la gloria de Dios?

3. ¿Reconozco que estoy en la brecha entre "mi" pueblo y Dios, o me veo como el líder en la cima?

4. ¿Tengo un plan de cómo voy a orar por aquellos que están bajo mi liderazgo?

33. MOISÉS: SIRVIENDO AL EQUIPO

¡Moisés sacó a la gente de Egipto, recibió los mandamientos de Dios en la montaña y ahora estaba listo para la acción! El primer asunto que necesitaba atención fue construir un tabernáculo, un lugar de adoración para la nueva nación. ¡Moisés había aprendido de Jetro que no podía hacer todo el trabajo solo y esta vez ni siquiera lo intento! Inmediatamente llama a otros a ayudar y modela para todos los líderes siervos, seis pasos para formar un equipo eficaz.

Seleccionar a los miembros correctos. (Éxodo 35: 30-35) Moisés eligió a dos personas, Bezalel y Aholiab, para dirigir el equipo que construiría el tabernáculo. Encontrar las personas adecuadas es fundamental para el éxito de un equipo, y los líderes siervos harían bien en utilizar los mismos criterios que usó Moisés. Primero, él reconoció su *carácter*. Bezalel estaba lleno del Espíritu de Dios. En segundo lugar, eligió hombres con habilidad, capacidad y conocimiento. Los líderes siervos buscan y esperan competencia en su equipo. Finalmente, eligió hombres que podrían enseñar a otros.

Esto reflejó su *capacidad* de liderazgo. Él necesitaba líderes más que trabajadores.

Es educativo considerar qué criterio Moisés no usó. Él no eligió según la relación familiar o la afiliación tribal. Él no eligió basándose en la lealtad demostrada a su liderazgo o en dar posiciones como recompensa. Los líderes siervos mantienen su proceso de selección centrado en los temas correctos: carácter, competencia y capacidad.

Reconocerlos públicamente. (Éxodo 35:30) Moisés presentó al equipo a toda la nación. Los líderes siervos se aseguran de que todos sepan lo que está sucediendo. El equipo necesita conocer sus responsabilidades y saber rendir cuentas, pero el grupo completo también necesita comprender el trabajo del equipo.

Ofrecerles los recursos necesarios. (Éxodo 36: 3) *y les entregó todas las ofrendas que los israelitas habían llevado para realizar la obra del servicio del santuario.* Moisés proporcionó al equipo los recursos físicos que necesitaban. Los líderes siervos anticipan las necesidades del equipo y se aseguran de que tengan lo que se requiere para alcanzar el éxito. Puede tratarse de necesidades físicas o de necesidades menos tangibles, como mayor entrenamiento o motivación.

Ayudarlos a resolver problemas. (Éxodo 36: 3-7) Poco después de que comenzara el trabajo, el equipo encontró un problema bastante inusual: ¡la gente estaba trayendo demasiadas ofrendas! Moisés lo solucionó de inmediato porque era un problema que causaba que el trabajo se detuviera. Los líderes siervos no interfieren con el trabajo, sino que sirven a su equipo al reconocer cuándo deben eliminarse los obstáculos. Actúan rápidamente para liberar al equipo y seguir trabajando. Tan pronto como se resolvió este problema, el equipo continuó trabajando y produjo resultados increíbles que toman cuatro capítulos para informar (Éxodo 36: 8 -39: 31).

Inspeccionar su trabajo. (Éxodo 39:43) Moisés reconoció que delegar y el motivar no niegan la necesidad de inspeccionar. Él los comisiono para hacer el trabajo y no interfirió con el proceso. Pero los líderes siervos mantienen a los seguidores con un alto nivel de responsabilidad y esperan resultados de sus equipos. No miran de manera *crítica*, pero miran *cuidadosamente*.

Bendecir sus logros. (Éxodo 39:43) *Moisés los bendijo.* Tres palabras simples pero profundas describen el acto final de Moisés con este equipo. Los líderes siervos encuentran formas de bendecir a sus equipos. Puede ser una simple palabra de aliento, afirmación pública, una recompensa financiera, tiempo con el líder, mayores oportunidades de servicio u otras formas. Los líderes siervos no llaman la atención sobre sus propios logros, sino que bendicen a los equipos que trabajan con ellos.

Para mayor reflexión y discusión:

1. ¿Tengo las personas adecuadas en mi equipo?

2. ¿Qué criterios utilizo para seleccionar miembros del equipo?

3. ¿Cómo evalúo el carácter de los miembros de mi equipo?

4. En mi contexto, ¿qué criterios equivocados existen al elegir miembros del equipo que son comunes?

5. ¿"inspecciono" el trabajo de mi equipo de una manera que claramente los llame a rendir cuentas?

6. ¿Cómo he reconocido o como debería reconocer públicamente el rol y las responsabilidad de mi equipo?

7. ¿Cuáles son los recursos que mi equipo necesita?

8. ¿He hecho todo lo posible para asegurarme de que tengan estos recursos?

9. ¿Qué problemas enfrenta mi equipo?

10. ¿Qué problemas deberían ser míos para manejar y cuáles debo alentarlos a resolver por sí mismos?

11. ¿He actuado rápidamente para eliminar los obstáculos para que mi equipo haga su trabajo?

12. ¿Inspecciono el trabajo de mi equipo con la suficiente frecuencia? ¿Poco o Frecuentemente?

13. ¿Saben claramente lo que estoy buscando y lo que espero?

14. ¿De qué manera puedo bendecir a mi equipo?

15. ¿Qué los motivará a continuar el servicio?

34. MOISÉS: SIRVIENDO A AQUELLOS QUE NO SEGUIRÁN

Las murmuraciones de la gente justo después de cruzar el Mar Rojo pronto se convirtieron en un vicio. Primero, "el hermano y hermana de Moisés, quienes lo sacaron del agua cuando era un bebé, se quejaron acerca de la esposa de Moisés. Segundo, después de que los espías trajeron de vuelta su informe negativo, toda la comunidad entera murmuro y amenazó con elegir un nuevo líder que los llevaría de regreso a Egipto. Finalmente, Coré lideró un intento de golpe con 250 líderes clave. ¿Y pensaste que tu gente era difícil? La respuesta de Moisés a estos ataques nos ayuda a entender cómo los líderes siervos responden a aquellos que simplemente no los siguen.

Los líderes siervos dejan que Dios luche por ellos. Los ataques fueron perversos y brutales. El primero atacó a su esposa y puso en duda su autoridad. La rebelión de Coré fue un intento rotundo de hacerse cargo de su liderazgo. La respuesta de Moisés a cada uno de estos ataques fue notable. ¡Él no se defendió! La autodefensa es una respuesta instintiva. ¡Nada requiere más fuerza que no defenderse! Los líderes que no son siervos reaccionan a la defensiva cuando los seguidores no les siguen. Usan el poder o la manipulación para forzar y controlar. Los líderes siervos no tienen esa agenda. Permiten que Dios pelee por ellos. Esto requiere un profundo quebranto frente a los ataques personales. No es coincidencia que, en el contexto del ataque de Miriam y Aarón la Biblia nos dice: "*Moisés era muy humilde, más humilde que cualquier otro sobre la tierra*" (Números 12: 3). Es difícil mantenerse humilde frente a un ataque y Moisés, a pesar de ser un gran ejemplo, sí se enojó mucho cuando Dathan y Abiram se negaron a venir después de que él los llamó (Números 16: 12-15). Los líderes siervos renuncian a su propio ego por el bien de la agenda de Dios para la organización. Esperan a que Dios reivindique su rol de liderazgo.

Los líderes siervos extienden la gracia a los rebeldes. Sorprendentemente, después de que Moisés se niega a defenderse y Dios reivindica su autoridad para dirigir, ¡intercede por ellos! Moisés clamó al Señor después de que María padeciera lepra. Cuando la gente se rebeló, Moisés y Aarón inmediatamente se postraron y rogaron a Dios por misericordia. Del mismo modo, en la rebelión de Coré, también intercedieron ante Dios en nombre de la nación. Incluso después de que la tierra se abrió y se tragó a los rebeldes, Moisés y Aarón intercedieron durante la plaga que mató a 14,700 personas. Me temo que yo estaría pensando, ¡*aplica tu justicia Dios!* Los líderes siervos siguen sirviendo a los demás, y en este punto, los rebeldes necesitan un intercesor, no un juez.

Los líderes siervos continúan guiando con la verdad. Cuando las cosas finalmente se calman después de la muerte de Coré, la gente se da cuenta de su error pero comienza a dirigirse en la dirección equivocada nuevamente (Números 14: 40-45). Sin una mínima intención de un espíritu vengativo, Moisés recuerda con calma a la gente la dirección en que deberían ir y les advierte sobre lo que sucederá si se niegan. Nuestro instinto natural sería dejarlos ir y sufrir, pero los líderes siervos se comprometen a liderar, ¡incluso cuando la gente no quiere seguir! De regreso a la zarza ardiente, Moisés fue llamado a liderar, y su disposición a servir en este rol no cambió con cada obstáculo. Aún estaba comprometido con señalar la dirección a la que Dios los llamaba a ir. ¡Los líderes siervos no renuncian fácilmente! El liderazgo no se trata de ellos, su visión o su agenda. Más bien, buscan ser fieles al llamado de Dios para que sigan liderando, e incluso frente a los seguidores perezosos, siguen siendo líderes fuertes.

Cuando te encuentres en una situación en la que, como Moisés, estás haciendo tu mejor esfuerzo pero los seguidores no quieren seguirte, pídele a Dios la gracia de servir como Moisés.

Para mayor reflexión y discusión:

1. ¿Cuándo fue la última vez que sentí que los seguidores desafiaron mi liderazgo?

¿Cuál fue mi respuesta?

¿Qué estaba pasando en mi corazón en ese momento?

2. ¿Soy lo suficientemente humilde como para resistir el deseo de venganza cuando soy atacado?

3. ¿Cómo podría Dios quebrantar mi orgullo?

4. ¿Hay momentos en que me enojo con los que lidero? ¿Qué indica esto?

5. Cuando los que me siguen van en contra de mi consejo, ¿aún puedo orar fervientemente por ellos? ¿Por qué o por qué no?

6. Cuando siento resistencia a mi liderazgo, ¿puedo continuar brindando un liderazgo fuerte con un buen corazón o me retiro y permitiré un vacío de liderazgo?

7. ¿Cuál es el resultado y de qué manera Dios me invita a cambiar?

35. MOISÉS: UN SIERVO PECADOR

Moisés es un gran ejemplo de un líder siervo, ¡pero no era perfecto! Números 20 registra la historia del pecado que mantendría a Moisés fuera de la Tierra Prometida. La gente estaba sedienta y culpaban a Moisés nuevamente. Moisés clamo a Dios por dirección, y Dios le ordena que hable a la roca y le prometió que saldría agua. En vez de eso, Moisés habló a la gente enojado, *"¡Escuchen, rebeldes! ¿Acaso tenemos que sacarles agua de esta roca?"* Dicho esto, *levantó la mano y dos veces golpeó la roca con la vara, ¡y brotó agua en abundancia, de la cual bebieron la asamblea y su ganado!* Dios inmediatamente les dijo a él y a Aarón que a causa de su pecado no entrarían en la Tierra Prometida. En un momento de ira, ¡parece que desaparecen cuarenta años de fiel liderazgo! Aún así, podemos aprender lecciones de su fracaso. Lo que él *no hizo* va en contra de cada respuesta natural y sirve como un ejemplo para todos nosotros de cómo los líderes siervos lidian con el pecado.

Moisés no culpó a la gente. ¡La respuesta más natural cuando yo peco es encontrar a alguien para culpar! ¡Ciertamente Moisés tenía razones legítimas para culpar a la gente, y todos nosotros podemos simpatizar con la forma en que los llamó rebeldes! Una vez más, se habían opuesto a su liderazgo y peleado contra él y Aarón. La mayoría de nosotros habría perdido los estribos y culparía de inmediato a la gente. Pero Moisés reconoció que la presión del momento simplemente revelaba el pecado en su corazón. Los líderes siervos continuamente claman a Dios para que Él maneje sus corazones y se niegan a culpar a los miembros de la familia, compañeros de trabajo, asociados o seguidores cuando se encuentran bajo la presión de tiempos difíciles.

Moisés no culpó a Dios. Moisés acababa de hacer duelo por la muerte de su hermana, Miriam, y después de esta experiencia en la roca, rápidamente se despidió de su socio más cercano, Aarón. ¡Fue un mes difícil para dirigir! Para mí, me resultaría fácil acusar a Dios de ¡sobre-reaccionar! Moisés pudo haber argumentado que durante años había servido a Dios sin fallar, y que seguramente un error no era tan serio como Dios lo juzgaba. Pero nuevamente, Moisés demuestra su quebrantamiento y humildad ya que no culpa a Dios por su juicio. No encuentro ningún registro de que Moisés suplicara a Dios que revierta su juicio; en cambio, acepta humildemente lo que sucedió. Moisés, como todos los líderes siervos, reconoció que Dios estaba más interesado en la condición de su corazón que en sus credenciales de liderazgo.

Moisés no encubrió su pecado. Cuando yo peco, rápidamente me muevo para minimizar el daño y asegurarme de que los menos posibles sepan lo que hice. ¡Pero Moisés escribió la historia tal como sucedió y todavía la estamos leyendo después de miles de años! Su pecado en este caso fue público como a menudo lo son los pecados de los líderes. Pero hay otros momentos en que el pecado de los líderes es privado y desconocido para aquellos a quienes lideran. Una tentación que enfrentan todos los líderes es pretender en público ser mejor de lo que somos en privado. Los líderes siervos reconocen apropiadamente tanto su pecado como el perdón y la misericordia de Dios.

Moisés no dejó de liderar. Los últimos meses del liderazgo de Moisés deben haber sido increíblemente difíciles. ¿Por qué no simplemente renunciar? Sí, hay momentos en que los líderes pecan y necesitan renunciar a su cargo. Pero la mayoría de las veces, Dios simplemente nos pide que sigamos liderando. Nuestro enemigo susurra que no somos dignos de continuar, pero la gracia de Dios nos da la fuerza para continuar. Los líderes siervos que tratan con su pecado como Moisés beben más profundamente de la gracia de Dios y la extienden más libremente a aquellos a quienes lideran.

Qué diferencia haría en nuestro mundo si fuéramos líderes con un corazón de siervo que responden al pecado como Moisés. ¿Podemos responder sin actitud defensiva y culpa, permitiendo a Dios exponer y purificar nuestros corazones, y luego continuar sirviendo a los que dirigimos con un sentido aún mayor de la gracia de Dios, siempre y cuando Él nos permita guiarlos?

Para mayor reflexión y discusión:

1. ¿Qué sucede normalmente cuando estoy bajo intensa presión en mi liderazgo?

   ¿Me enojo, soy abusivo, amargado, o no muestro interés?

   ¿Qué revela esto sobre mi corazón?

2. La última vez que pequé, ¿a quién tuve la tentación de culpar?

3. ¿Hay momentos en que he culpado a Dios por mi pecado? ¿Cuál ha sido el resultado y qué debe cambiar?

4. ¿Cómo trato de ocultar mi pecado?

   ¿Cuál ha sido el resultado de esto?

5. ¿Cuál es el equilibrio correcto entre ser transparente acerca de mi pecado y sabiamente no revelar demasiados detalles a los demás?

6. ¿Cómo funciona la observación de David en Salmos 32: 5? ¿Dan instrucciones a todos los líderes sobre cómo tratar con el pecado?

7. ¿Hay pecados secretos en mi vida que tengan el potencial de sabotear mi liderazgo?

8. ¿Qué es lo que Dios me llama a hacer con respecto a ellos? (Reflexione en 1 Timoteo 5:24 y 1 Corintios 10:12)

36. MOISÉS: LIDERANDO EN UN ESTADO INTERMEDIO

Hemos analizado el liderazgo de Moisés desde varias perspectivas diferentes, ya que llevó a cabo algunas victorias y también tiempos difíciles. Pero oculto en los capítulos de incidentes específicos sobre los que leemos, encuentro el mayor desafío al que se enfrentó Moisés: liderar en un estado intermedio. Piénsalo. Durante cuarenta años, Moisés dirigió a la nación de Israel alrededor y por el desierto, esperando que todos los de esa generación murieran. Habían dejado el pasado atrás, pero el sueño del futuro todavía era un objetivo lejano. ¡El liderazgo no iba a ninguna parte excepto a los funerales! Según las estimaciones más conservadoras, un millón de personas murió durante esos 40 años. ¡Son alrededor de 68 funerales por día! Me gustan los bautismos, las dedicaciones de niños, las clases de nuevos miembros, las bodas, las fiestas de tiendas, etc. Son signos de crecimiento y progreso. Pero, ¿a qué líder le gustan los funerales o los que lideran cuando el objetivo está lejos en el futuro?

Si bien la situación de Moisés fue extremadamente inusual, puede haber ocasiones en que seamos llamados a liderar cuando el camino a seguir no es claro o las marcas habituales de progreso no están disponibles. No fue culpa de Moisés que ellos no llegaran a la Tierra Prometida y no fue resultado de un liderazgo deficiente. Cuando nos encontramos en esa experiencia en el desierto, ¿qué podemos aprender de Moisés acerca de cómo los líderes siervos luchan con estas circunstancias?

Entrega tus propios sueños. Cuando comenzó a dirigir, Moisés al menos tenía algo que esperaba lograr: iba a llevar a una nación a una nueva tierra. ¡Eso es suficiente para mover la adrenalina de cualquier líder! Moisés anticipó un par de meses de viaje por el desierto. En cambio, obtuvo cuarenta años de liderazgo intermedio. Para seguir liderando, Moisés tuvo que rendir sus propios sueños de gran éxito. No hay recompensas, ni reconocimientos, ni compromisos de palabras halagadoras para aquellos que lideran en el desierto. ¡El liderazgo en el desierto no es divertido! Moisés no podría haber liderado en este desierto antes de tener su propio entrenamiento en el desierto. ¡Se requiere la muerte de uno mismo antes de que alguien pueda hacer esto y solo los líderes siervos están dispuestos a inscribirse en estos trabajos!

Mantenga a las personas en movimiento. Durante cuarenta años, Moisés mantuvo a las personas en movimiento. Algo de eso fue práctico; ¡tenían que encontrar nuevos lugares para el agua y las tumbas! Pero creo que Moisés también se dio cuenta de que incluso en los lugares desérticos de la vida, las personas necesitan orientación, y necesitan líderes que los motiven a seguir avanzando. ¡Estaría tentado de encontrar un árbol de sombra y esperar a la próxima generación! Pero Moisés, llamaba día tras día, para empacar y seguir.

Enfócate en lo eterno. ¿Qué fue lo que hizo que Moisés siguiera todos esos años? Ciertamente, no era la dirección en la que iban o el deseo de lograr grandes cosas. No era la esperanza de un ascenso o un aumento salarial. Al reflexionar sobre lo que lo mantuvo en pie, llegué a la conclusión de que cuando todas las cosas externas que buscan los líderes fueron eliminadas, a Moisés le quedó lo más importante: su relación con Aquel que lo llamó. Pudo mirar más allá de los funerales, pasar de las quejas y pasar la arena en su tienda, y mantener su perspectiva en la eternidad.

Estaba mirando hacia adelante a su recompensa (Hebreos 11:26). Su enfoque en lo eterno le permitió perseverar en el desierto y seguir siendo efectivo como líder.

Al reflexionar sobre el liderazgo de Moisés en el desierto, quiero honrar a aquellos de entre nosotros a quienes Dios ha llamado a dirigir en lugares que pueden parecer no tener el reconocimiento y el honor de las codiciadas posiciones de liderazgo. Saludo a aquellos que trabajan entre bastidores, aquellos que están sirviendo diariamente para hacer realidad el sueño de alguien más, aquellos que están llamados a guiar a otros a través de una transición y luego se desvanecen en el trasfondo, los pastores interinos y propietarios de pequeñas empresas. ¡Que Dios ponga tu nombre cerca de Moisés en su salón de la fama!

Para mayor reflexión y discusión:

1. ¿De qué manera mi liderazgo actual está "en un estado intermedio" entre el pasado y el futuro?

2. ¿Cuáles son las cosas a las que debo morir para poder guiar a las personas a través de un tiempo sin progreso visible?

3. ¿Cómo puedo motivar a las personas para que sigan moviéndose, cuando el objetivo final parece estar fuera de su alcance?

4. ¿Qué puedo hacer hoy que me ayude a enfocarme en la situación eterna en lugar de mi situación actual?

37. MOISÉS: EL GRAN COMUNICADOR

El día primero del mes undécimo del año cuarenta, Moisés les declaró a los israelitas todo lo que el Señor les había ordenado por medio de él (Deuteronomio 1: 3).

Después de 40 años de dirigir a la gente por el desierto, Moisés se acerca al final de su carrera de liderazgo. Debido a su pecado no le es permitido entrar en la Tierra Prometida, pero antes de su último suspiro, Dios tiene dos tareas finales para Moisés. La primera es comunicar a la nueva generación la dirección de Dios para sus vidas. Cuando era joven, Moisés era "poderoso en palabra" (Hechos 7:22); pero ahora como líder experimentado, Moisés era un gran comunicador. El versículo anterior prepara el escenario para todo el libro de Deuteronomio en el cual Moisés hace su último discurso al pueblo. ¿Cómo se comunica como un líder siervo?

Él representó. Moisés en este momento reconoció que él no era el principal comunicador. Simplemente estaba representando a Dios ante el pueblo y proclamó todo lo que el SEÑOR había ordenado. Esta es una diferencia clave entre los líderes siervos y los líderes egoístas. Los líderes siervos reconocen que a medida que se comunican, representan la voz de Dios. Representar a Dios en nuestra comunicación hace una gran diferencia en el tono, el contenido y el motivo de nuestro discurso, ya sea en una sala de juntas, una reunión del personal, un discurso público o una conversación informal. Jesús representó al Padre mientras hablaba y reconoció que lo que dijo y cómo lo dijo fue dirigido por Dios (Juan 12:49). Soy más consciente de esto cuando me presento ante la gente en público, pero creo que es la intención de Dios para mí en cada conversación.

Él repetía. El libro de Deuteronomio es una repetición de la ley de Dios. Aunque a veces parece monótono, Moisés se dio cuenta de que las personas tienden a olvidar y los líderes necesitan recordarles. En su caso, él también estaba tratando con una nueva generación de personas y quería asegurarse de que estuvieran plenamente conscientes de todo lo que Dios quería que supieran. Los líderes siervos repiten la visión, la dirección y la instrucción para mantener a los seguidores enfocados en metas comunes (Véase 2 Pedro 1:12).

Él revelaba. Una lectura rápida del libro de Deuteronomio revela que Moisés describe magistralmente una imagen del futuro para el pueblo de Israel. Él recuerda victorias pasadas como una garantía de un gran futuro. Habla de la tierra que fluye "leche y miel." Una y otra vez les promete la bendición de Dios por la obediencia. Los grandes comunicadores describen imágenes vívidas del futuro que mantienen a las personas enfocadas en sus objetivos. Algunos líderes usan palabras para manipular a las personas para sus propios fines egoístas, pero los líderes siervos pintan imágenes para motivar a los seguidores a cumplir el plan de Dios para sus vidas.

Él reprendía. La comunicación de Moisés con la gente a menudo contenía una advertencia de las consecuencias de la desobediencia. Revelar un futuro positivo es algo natural para muchos líderes. Pero Moisés se dio cuenta de que los líderes siervos comunican no solo lo que la gente quiere escuchar, sino lo que necesitan escuchar. ¡Cuarenta años deambulando por el desierto hicieron que Moisés se diese cuenta del precio del pecado y no mengua el mensaje! Sus palabras en Deuteronomio 8:11 son típicas: *ten cuidado de no olvidar al SEÑOR tu Dios, dejando de cumplir su mandato, sus leyes y sus decretos que yo te estoy dando hoy.* Los líderes siervos no tienen miedo de advertir a las personas sobre las consecuencias de las acciones incorrectas.

Los líderes siervos aprenden de Moisés a confiar no en su propia habilidad para persuadir, sino para comunicar las palabras de Dios a las personas que lideran.

Para mayor reflexión y discusión:

1. ¿Mi discurso refleja la intención de Dios para aquellos que me escuchan?

2. ¿Estoy continuamente consciente de mi rol al representar a Dios a los que me siguen? ¿Qué puedo hacer para crecer en esta representación?

3. ¿Repito la visión con la suficiente frecuencia? ¿Demasiado a menudo?

4. ¿Debo describir constantemente una imagen para mis seguidores de hacia dónde vamos?

   ¿Esta descripción se hace de una manera que inspire una visión compartida del futuro?

5. ¿Qué formas creativas puedo usar para mantener esto en frente de las personas?

6. ¿Estoy dispuesto a ser sincero con la gente sobre el precio de la desobediencia?

   ¿Puedo hacer esto con motivos puros?

38. MOISÉS: DEJANDO UN LEGADO

Entonces Moisés salió y pronunció estas palabras a todo Israel: *"De nuevo habló Moisés a todo el pueblo de Israel, y les dijo: Ya tengo ciento veinte años de edad, y no puedo seguir siendo su líder. Además, el SEÑOR me ha dicho que no voy a cruzar el Jordán, pues ha ordenado que sea Josué quien lo cruce al frente de ustedes. El SEÑOR su Dios marchará al frente de ustedes para destruir a todas las naciones que encuentren a su paso, y ustedes se apoderarán de su territorio"* (Deuteronomio 31: 1-3).

Quedaba una tarea final en el liderazgo de Moisés, y esta era entregar la batuta al siguiente líder, Josué. Esta transición dejó un legado para los hijos de Israel y nos muestra la forma en que los líderes siervos manejan transiciones similares.

Los líderes siervos se retiran. Moisés era muy viejo según nuestros estándares y le dijo a la gente que ya no podría liderar. Sin embargo, no abandonaba debido a su edad. La Escritura es clara en cuanto a que sus ojos no estaban débiles ni porque su fuerza se había ido (Deuteronomio 34: 7). Moisés aún podía y estaba listo para cruzar el río y ver sus sueños realidad. Pero ya era la hora de que se hiciera a un lado. ¿Por qué? *El SEÑOR me ha dicho...* Todos amamos el llamado a las posiciones, pero nos resulta muy difícil escuchar a Dios llamándonos desde posiciones. Moisés era un siervo y se dio cuenta de que el liderazgo era un don de Dios que podía revocarse en cualquier momento. Dios puede decirnos que nos pongamos a un lado en la cumbre del éxito o cuando envejecemos. En cualquier caso, los líderes siervos no se aferran a sus posiciones y encuentran el momento adecuado para retirarse.

Los líderes siervos levantan a otros líderes. Entrelazada a lo largo de la historia del liderazgo de Moisés está su relación con Josué y su entrenamiento para prepararlo para el liderazgo. Su acción al final de su vida no fue una decisión apresurada; ¡había estado entrenando a Josué durante años! Le dio a Josué responsabilidades como vigilar la tienda de reunión, espiando la tierra y combatiendo a los amalecitas. Ayudó a preparar a Josué para el liderazgo muchas veces simplemente llevándolo consigo mientras demostraba liderazgo. Estaban juntos en la montaña cuando Dios le dio a Moisés la ley. Los líderes siervos se dan cuenta de que no estarán en una posición para siempre y que Dios los ha llamado a levantar a otros líderes.

Los líderes siervos se dan la mano. Moisés no simplemente se quitó de en medio; deliberadamente instaló a Josué como el nuevo líder. En un poderoso acto simbólico, Moisés puso sus manos sobre Josué en público y lo liberó para dirigir (Números 27: 18-22). Tomó la iniciativa para asegurarse de que su sucesor estuviera debidamente capacitado y luego liberado para hacer el trabajo. Fue un bello ejemplo de una suave transferencia de poder. Muchos líderes tropiezan en este punto al no estar dispuestos a entregar el trabajo a otra persona o al no declarar públicamente su confianza en la capacidad de los nuevos líderes. Los líderes siervos bendicen a sus sucesores y luego se hacen a un lado. Dejando un legado mientras entregan la batuta en manos de su sucesor entrenado. ¡Ellos terminan bien!

Moisés, ¡qué líder! En los últimos capítulos, hemos examinado su liderazgo. Ciertamente no era perfecto, pero fue un ejemplo sobresaliente de una persona que aprendió a guiar a otros con el corazón de un servidor. Hacemos bien en aprender de su vida, sus victorias y luchas mientras guiamos a otros en el camino de Jesús.

Para mayor reflexión y discusión:

1. ¿Qué he observado en los líderes que no están dispuestos a hacerse a un lado?

   ¿Qué les sucede a ellos y a los que le siguen?

2. Si Dios me pidiera hoy que renuncie a mi rol, ¿estaría dispuesto a obedecer?

3. ¿Estoy entrenando activamente a otros para que asuman mis responsabilidades?

4. ¿He identificado a alguien que pueda asumir mi rol?

5. ¿Me llevo a un discípulo a propósito para el entrenamiento en el trabajo?

6. Cuando llegue el momento de mi transición, ¿qué haré públicamente para pasarle la batuta a los demás?

7. ¿Qué cosas clave he aprendido de este estudio de la vida de Moisés y qué pasos debo tomar para ponerlas en práctica?

39. GARANTÍA DE CALIDAD: SER INTACHABLE

Todas las empresas de fabricación se preocupan por la calidad de sus productos porque reconocen que los productos de calidad inferior dañarán su reputación y en última instancia, destruirán sus negocios. Por lo tanto, invierten grandes cantidades de tiempo y dinero en programas de control de calidad para proteger sus ganancias. Los líderes cristianos deberían estar aún más preocupados por garantizar la calidad de quienes lideran. Representamos a Dios mismo en nuestro negocio, iglesia, escuela y hogar. Pablo, en su carta a Timoteo, un joven líder siervo, proporciona una lista de verificación de las cualidades que se esperan en cada una de nuestras vidas. Escribe específicamente a los que son llamados a ser obispos en 1 Timoteo 3: 1-7, pero los estándares son útiles para cada uno de nosotros en cualquier lugar que ejerzamos nuestro liderazgo. En los próximos capítulos examinaremos una lista de cualidades de Pablo y conoceremos un líder bíblico cuya vida ilustra estas cualidades.

Antes de que Pablo entre en detalles, comienza su lista con esta característica general: "*Ahora el obispo debe ser intachable*". (NVI). No solemos utilizar la palabra intachable en el habla moderna. Vivir siendo intachable significa estar por encima de toda sospecha, ser irreprensible y tener las manos limpias. Examinemos esto más de cerca para entender cómo es que un líder siervo viva siendo intachable.

Vivir siendo intachable significa estar por encima de la sospecha. Los líderes viven a la intemperie. Sus vidas son vistas por muchos otros que pueden llegar rápidamente a conclusiones erróneas sobre la acción y los motivos de un líder. Algunos líderes hacen poco para evitar sospechas y les importa poco si sus acciones parecen cuestionables. La sospecha no está confirmada, pero así disminuye la confianza de la relación entre el líder y el seguidor. Entonces un líder siervo recorre la segunda milla para evitar incluso "toda especie de mal" (1 Tesalonicenses 5:22, RVV). El líder siervo está preocupado no solo por si uno es técnicamente culpable o no, sino también si la acción produce sospecha en las vidas de quienes lo siguen.

Vivir siendo intachable significa estar libre de culpa. Cuando las cosas van mal, nuestra naturaleza humana busca a alguien a quien culpar y el líder es a menudo el blanco de esta culpa. A veces los cargos son ciertos y el líder tiene la culpa. Pablo nos llama a un nivel más alto como líderes siervos, ya que nos desafía a ser intachables. Esto no significa perfección o nadie estaría a la altura. Los líderes siervos toman responsabilidad por sus errores y buscan perdón cuando es necesario. Pero además, viven de tal manera que su carácter y vidas de integridad son irreprochables. Las acusaciones hechas contra ellos están tan lejos de la verdad que no se mantienen. Su liderazgo no atrae la culpa.

Vivir siendo intachable significa tener las manos limpias. Las manos limpias simbolizan la inocencia. La culpa y la sospecha pueden estar presentes incluso si no se ha hecho nada malo; Las manos limpias indican que no ha sucedido nada malo. Pablo llama a los líderes siervos para que tengan manos limpias y que no le reprochen a Aquel a quien sirven. Daniel era un líder bíblico que estaba por encima de todo reproche. Sus enemigos intentaron encontrarle defectos pero no pudieron. Intentaron acusarlo, pero él no tenía culpa. Sus manos estaban limpias. Pasó la lista de verificación de control de calidad como un líder superior al reproche y proporciona un modelo para que cada uno de nosotros lo siga. Tómese un momento para reflexionar si su liderazgo está siendo intachable.

Para mayor reflexión y discusión:

1. ¿Estoy contento simplemente por "no ser culpable" o me esfuerzo por ser intachable?

2. ¿La forma que lidero da lugar a que otros sospechen que algo no está bien en mi vida?

3. ¿En qué áreas, Dios me está llamando a cambiar?

4. Cuando me culpan por cuestiones que sucedieron bajo mi liderazgo, ¿hubo elementos verdaderos en las acusaciones?

5. De ser así, ¿cómo afectó eso a mi capacidad de representar a Cristo?

6. Cuando cometí errores, ¿me he tomado la responsabilidad de admitirlos y hacer las cosas bien conmigo en la medida de lo posible?

7. ¿Puedo decir honestamente que tengo las manos limpias? ¿Hay áreas de mi vida que nadie sospecha pero que sé que son inmundas? ¿Qué es lo que Dios me invita a hacer en respuesta a este desafío?

40. GARANTÍA DE CALIDAD: SER ESPOSO DE UNA SOLA MUJER

Después de la cualidad general "ser intachable", Pablo enfoca rápidamente su lista de verificación en un área que impacta profundamente a todos los líderes siervos que están llamados a ser, "esposo de una sola mujer" (1 Timoteo 3: 2). A primera vista, la mayoría de los que estamos casados seguiríamos adelante y marcaríamos este requisito como completo. Aquellos que son solteros, leen rápidamente el siguiente punto en la lista. Las mujeres asumen que esto es irrelevante. Pero profundicemos un poco más. Pablo ciertamente llama a los líderes a evitar la poligamia, pero esta garantía de calidad significa mucho más que poseer un solo certificado de matrimonio. Además, su instrucción no limita el liderazgo a aquellos que están casados o se descalificaría a sí mismo. En cambio, Pablo está llamando a todos los líderes a cumplir los estándares de Dios de pureza en el matrimonio. ¿Cómo podemos practicar esto?

Los líderes en pureza honran los pactos. El matrimonio es una relación de pacto, un acuerdo vinculante entre dos partes, acompañado de votos solemnes. Muchos líderes buscan separar su relación personal con su cónyuge y el liderazgo. Argumentan que lo que sucede en casa no tiene impacto en su liderazgo. Los líderes siervos reconocen que honrar sus promesas refleja un carácter fuerte que comienza con el pacto matrimonial.

En la época de Pablo era común que los hombres tuvieran varias esposas (poligamia), (divorcio y segundas nupcias). Ambos violan el plan del pacto de Dios. Pablo afirma que el plan de Dios es que un hombre y una mujer permanezcan juntos de por vida y llama a los líderes a cumplir ese estándar. Él llama a los hombres a ser "esposo de una sola mujer".

Honrar el pacto matrimonial va más allá de simplemente permanecer juntos. Algunos permanecen casados pero hace tiempo que dejaron a su cónyuge emocionalmente. Los líderes siervos honran otras partes de ese pacto tales como "amar y atesorar" al otro. Ellos se rehúsan a que su carrera, ministerios, deportes o pasatiempos les impidan construir una relación sólida con su cónyuge.

Los líderes solteros honran el pacto del matrimonio al vivir vidas de pureza y apoyar a aquellos que están casados con oración y aliento. A cambio, los líderes siervos que están casados afirman el llamado de Dios a los solteros y alientan su caminar de pureza.

Los líderes en pureza honran la moralidad. Pablo estaba escribiendo en el contexto de una cultura donde la inmoralidad era aceptada como normal. Su llamado es para que los líderes permanezcan sexualmente puros, tanto en pensamiento como en acción. Los líderes siervos guardan cuidadosamente sus ojos y pensamientos en esta área. Buscan rendir cuentas a otros líderes piadosos para ayudarlos en esta área y se dan cuenta de que todos estarán tentados a caer y muchos han caído en esta área.

Los líderes en pureza honran su relación. Finalmente, el desafío de Pablo es que cada uno de nosotros examine la forma en que nos relacionamos con los miembros del sexo opuesto. No es suficiente permanecer casado con una persona; también importa cómo nos relacionamos con los demás en nuestro lugar de trabajo, en el mercado, en la iglesia y en entornos sociales. Debido a su compromiso de ser un "hombre de una mujer", los líderes siervos son diligentes para crear límites que protejan las relaciones con el sexo opuesto para que eviten incluso la apariencia del mal.

Booz era un líder bíblico que modeló lo que significa ser un "hombre de una mujer". Esperó pacientemente por el tiempo de Dios para el matrimonio. Mostró honra a Ruth cuando recogió en su campo y la protegió de las insinuaciones de otros hombres sin pensar en casarse en ese momento. Más tarde, siguió el camino del honor al tomar a Ruth como su esposa. Juntos se convirtieron en los bisabuelos del Rey David. Booz pasó la lista de verificación de control de calidad como "el esposo de una sola esposa" y proporciona un modelo para que cada uno de nosotros la siga. Tómese un momento para preguntarse si usted es un "hombre de una mujer" o una "mujer de un hombre" y reflexione con las siguientes preguntas.

Para mayor reflexión y discusión:

1. ¿La forma en que me relaciono con mi cónyuge es un reflejo de la intención de Dios para el matrimonio?

2. Si no estoy casado, ¿Reconozco las implicaciones del plan de Dios para las relaciones de pacto y estoy viviendo de una manera que honre ese plan?

3. ¿He permitido que otras cosas buenas vengan antes de mi relación de pacto con mi cónyuge?

   ¿Qué necesito cambiar?

4. ¿Tengo límites claros de la forma en que me relaciono con los miembros del sexo opuesto?

   Si es así, ¿Cuáles son? Si no, ¿Cuáles deberían ser?

5. ¿Recientemente he estado en alguna situación que podría haberme comprometido o dar la apariencia de mal en las relaciones con el sexo opuesto?

6. ¿Estoy caminando en una relación con alguien más a quien le pueda rendir cuentas de mi conducta en esta área?

7. ¿De qué maneras necesito la gracia y el perdón de Dios en esta área?

8. Si he sido fuerte, ¿Me siento tentado a juzgar a aquellos que han sido débiles?

41. GARANTÍA DE CALIDAD: SER SOBRIO

Después de llamar a los líderes a ser intachables y honren su compromiso matrimonial, Pablo agrega a su lista de garantía de calidad; el líder debe ser "*sobrio*" (1 Timoteo 3: 2). Mi primera respuesta es "¿Qué?" ¡Sobrio no es una palabra que usamos a menudo! Otras traducciones usan "vigilante" y "sobrio de mente". La idea principal es la capacidad de pensar con claridad, especialmente en contraste con la mente nublada por la influencia del vino. Entonces, ¿cómo podemos liderar con pensamientos claros como líderes siervos moderados o sobrio de mente?

El liderazgo sobrio requiere claridad. Las personas que beben alcohol y conducen pueden ser acusadas de "conducir bajo la influencia". Su mente no está lo suficientemente clara como para tomar decisiones buenas y rápidas. Pablo diría que los líderes siervos deberían evitar "liderar bajo la influencia". Deben mantener sus mentes libres de las cosas que los distraerían de su misión. Esto requiere disciplina y ejercicio persistente. Los líderes siervos disciplinan sus mentes para enfocarse en su llamado. Son cuidadosos con la dieta mental que consumen. Vivimos en una era informática donde tenemos todo tipo de información disponible. Los líderes efectivos monitorean cuidadosamente lo que ven, oyen y leen. Se enfocan en cosas que son buenas y correctas y evitan el "alcohol" mental (ver Filipenses 4: 8). Los líderes siervos también reconocen la necesidad de mantener su mente fuerte y encontrar formas de ejercitar su mente. Mantienen sus mentes fuertes discuten pensamientos e ideas con otros, no simplemente comentarios sobre el clima y los deportes. Leen y encuentran tiempo para reflexionar sobre lo que están aprendiendo. Persistentemente buscan mantener sus mentes limpias.

El liderazgo sobrio requiere perspectiva. La idea detrás del rol de un supervisor al que se refiere Pablo es alguien que "ve por encima". Los líderes ven cosas que otros no ven. Miran hacia atrás para aprender del pasado. Miran alrededor para observar los eventos actuales; miran hacia el futuro para anticipar los desafíos futuros. Al igual que una persona que mira por la ventana de un avión y puede ver en todas las direcciones, los líderes ven desde una perspectiva más alta. Para algunos, esta perspectiva es natural; otros líderes deben trabajar duro para desarrollar una perspectiva. Encuentran mentores que pueden ayudarlos a ver más allá de sus realidades actuales y a disciplinarse para mirar hacia adelante, detrás y alrededor.

El liderazgo sobrio requiere sabiduría. Los líderes que están pensando claramente y con sobriedad pueden no solo enfocarse y ver la imagen más grande; sino también entender lo que se debe hacer como resultado. La sabiduría es la capacidad de saber lo que se debe hacer y se fortalece con un pensamiento sobrio. Todos los líderes están orientados a la acción y, a menudo, identifican soluciones rápidas. Pero los líderes siervos piensan sobriamente sobre la situación y le piden a Dios la sabiduría necesaria antes de tomar decisiones. Equilibran la decisión con la sabiduría.

En las Escrituras, aprendemos de un grupo de hombres

que demuestran esta cualidad, los hombres de Isacar. Se mencionan entre los combatientes de David como, *"De Isacar: doscientos jefes y todos sus parientes bajo sus órdenes. Eran hombres expertos en el conocimiento de los tiempos, que sabían lo que Israel tenía que hacer"* (1 Crónicas 12:32). Este grupo de hombres tenía la capacidad de ver lo que sucedía a su alrededor, interpretar correctamente el significado de estos eventos y saber cómo actuar sobre esta información. A su alrededor había muchos otros que tenían habilidades de batalla, valor y experiencia. Pero estos hombres poseían la cualidad extra de un pensamiento claro. Eran líderes sobrios y nos llaman a hacer lo mismo.

Para mayor reflexión y discusión:

1. ¿Qué estoy haciendo para mantener mi mente concentrada y fuerte?

2. ¿Qué es lo que suelo discutir con otros, ideas o eventos?

3. ¿Qué libros buenos he leído que estimulen mi pensamiento?

4. ¿Cómo puedo desarrollar una perspectiva más amplia en mi liderazgo?

5. ¿Hay alguien con quien pueda hablar que me ayude a ver cosas que no estoy viendo?

6. ¿Me he tomado el tiempo para reflexionar y mirar el panorama general o me concentro solo en las tareas diarias?

7. ¿Mis colegas describirían mi liderazgo como sabio? ¿Por qué si o por qué no?

8. ¿Tiendo naturalmente a moverme demasiado rápido o muy despacio? ¿Cómo puedo aprender a tener sabiduría en mi liderazgo?

42. GARANTÍA DE CALIDAD: SER SENSATO

"Así que el obispo debe ser intachable, esposo de una sola mujer, moderado, sensato, respetable, hospitalario, capaz de enseñar...." (1 Timoteo 3: 2).

La cuarta cualidad que Pablo enumera como esencial para aquellos que desean liderar como Cristo es "ser sensato". Reconoció que antes de tratar de ejercer influencia sobre los demás, el líder debe ser capaz de ejercer el autocontrol. Ser sensato se expresará en la vida de un líder siervo en tres áreas claves.

Los líderes siervos controlan su tiempo. Los líderes tienen la misma cantidad de tiempo que todos los demás, pero aprenden a administrar bien su tiempo. Los líderes siervos reconocen que el tiempo es un regalo de Dios, dado para permitirles cumplir Sus propósitos para sus vidas. Por lo tanto, les apasiona usar su tiempo a su manera. Son diligentes para priorizar y trabajar de manera eficiente. Pero reconocen que Dios quiere más que logros. Equilibran el tiempo de hacer y ser. Invierten tiempo en construir relaciones sólidas y en completar tareas. Honran el plan de Dios para el descanso sabático incluso cuando las demandas del trabajo y la familia son altas. Toman tiempo para el crecimiento y desarrollo personal para cumplir mejor los propósitos de Dios para su vida y liderazgo.

Los líderes siervos controlan su lengua. Los líderes efectivos entienden las palabras de Salomón: "*La lengua tiene el poder de la vida y la muerte*" (Proverbios 18:21). En público y privado, las palabras de un líder impactan a muchos, ya sea para bien o para mal. Los líderes siervos tienen un deseo genuino de bendecir a otros y tener un impacto positivo en sus vidas. Por lo tanto, trabajan diligentemente para eliminar todas las mentiras, chismes, conversaciones inútiles, difamación e instrucciones duras de su lengua. Valoran las relaciones, pero se esfuerzan por seguir las instrucciones de Pablo de "*decir la verdad con amor*" (Efesios 4:15). Honran la información confidencial y resisten la tentación de exagerar. Honran sus compromisos hablados por encima de la ley.

Los líderes siervos controlan su temperamento. Los líderes tienen las mismas emociones que los seguidores. Los líderes siervos reconocen y expresan apropiadamente sus emociones, pero reconocen que si sus emociones no son predecibles, a las personas les resultará difícil confiar en su liderazgo. La ira es una de las primeras emociones que se expresan, y los líderes a menudo se encuentran en situaciones en las que son culpados o atacados. Los líderes siervos aprenden que las palabras pronunciadas con enojo y las decisiones tomadas en un momento de enojo disminuyen rápidamente su capacidad para liderar como Jesús.

El término "ser sensato" puede implicar que estas cosas se pueden hacer con suficiente fuerza de voluntad. Mientras los líderes siervos se esfuerzan por evidenciar el autocontrol, este rasgo de carácter no es algo que fabricamos con nuestro propio esfuerzo. Los líderes siervos no necesitan otro libro de "autoayuda" instándolos a esforzarse más por ser buenos. Pablo señala que el ser sensato es una de las evidencias del trabajo del Espíritu en nuestras vidas (Gálatas 5:23). Los líderes siervos ceden el control al trabajo del Espíritu en sus vidas y disfrutan el fruto del autocontrol.

Frecuentemente, el autocontrol se nota cuando está ausente y los defectos están expuestos. Sansón fue un líder que falló en esta área. Fue llamado, dotado y lleno del Espíritu de Dios. Pero repetidamente actuó impulsivamente y permitió que sus pasiones controlaran sus acciones en lugar de ejercer la sensatez. Esto saboteó su potencial de liderazgo, y su liderazgo es un trágico ejemplo de por qué Pablo nos llama a ser sensato.

Para mayor reflexión y discusión:

Tómese unos momentos para reflexionar sobre su vida. ¿En cuál de las tres áreas mencionadas en este orden (tiempo, lengua, temperamento) necesita más la ayuda de Dios? Solucione las siguientes preguntas con las que se identifica.

1. **Tiempo**. Reflexione sobre estas escrituras a medida que responde a las siguientes preguntas: Salmos 90:12; Efesios 5: 15 - 16 (RVV); Hechos 21: 5; Éxodo 20: 8-11; Marcos 6:31. ¿Qué tan bien uso el tiempo para cumplir el plan de Dios para mi vida?

   ¿Obtengo el descanso adecuado para mi cuerpo?

   ¿Doy demasiado o muy poco tiempo para construir buenas relaciones?

   ¿Cuál es mi plan para honrar el principio del descanso sabático?

2. **Lengua**. Lee Efesios 4:29. ¿Qué áreas de "conversación inapropiada" salen de mi boca?

   ¿Cuáles son mis conversaciones más perjudiciales para mantener relaciones sanas?

¿Cuál es la raíz en mi corazón que me lleva a pecar con mi lengua?

¿Cuál es el porcentaje de conversación que edifica a otros y qué puedo hacer para mejorar?

Como líder, ¿cómo puedo alentar una cultura de hablar "la verdad en amor" entre mis seguidores?

¿Existe algún compromiso que haya asumido recientemente y que no he honrado?

3. **Temperamento.** Lea Santiago 1: 19-20 y Prov. 29:22. Reflexiona sobre la última vez que te enojaste. ¿Cómo lo expresaste y cuál fue el impacto de tus acciones en los demás?

¿Necesitas pedir perdón a las personas con quienes te has enojado? Si es así, ¿Te pedirás perdón?

43. GARANTÍA DE CALIDAD: SER RESPETABLE

La próxima instrucción de Pablo a Timoteo es encontrar líderes que sean *"respetables"* (1 Timoteo 3: 2). Ser respetable es mucho más profundo que verse bien por fuera o impresionar a las personas con su carisma o habilidades de liderazgo. Pablo reconoció que los seguidores no seguirán a un líder que no respetan genuinamente por mucho tiempo. Él entendió que las posiciones se dan, pero se gana respeto. Quería asegurarse de que los líderes que formaban parte de su equipo se ganaran el respeto de aquellos que lo seguían. Con estas instrucciones, Pablo nos llama a cada uno de nosotros a vivir còmo líderes siervos y ganar el respeto de al menos tres maneras.

Los líderes siervos son respetables cuando sus vidas tienen principios. Los principios, no la conveniencia o la opinión pública, son la brújula para los líderes cuyas vidas son respetables. Muchos líderes intentan descubrir lo que la gente quiere; luego toma su posición según lo que sea más popular. Eso puede ganar votos, pero nunca ganará el respeto. Los líderes siervos basan sus vidas en principios inmutables. Son caritativos para aquellos que no están de acuerdo con sus posiciones, pero se niegan a dejarse influir por la opinión popular. Se niegan a mentir incluso en la más pequeña cuestión. No exageran sus informes. No comprometen lo que creen para obtener más ganancias o traer a otro miembro a su iglesia u otro trabajador en su organización.

Los líderes siervos son respetables cuando sus vidas son desinteresadas. Los líderes que son dignos de respeto ponen las necesidades de los demás por encima de ellos mismos. Día tras día, revisan sus propios deseos y renuncian a su derecho por servir a los demás. Se enfocan en los demás, no en ellos mismos. Esto no es un truco para ganar el favor, sino una genuina actitud de amor por los demás y un compromiso de dar como líderes en lugar de recibir. Los líderes que solo sirven a sí mismos pueden hacer mucho y parecer exitosos. Creen que serán respetados por su posición y logros. Pero hasta que se concentren en los demás, sus vidas no son dignas de respeto. Los líderes siervos usan sus posiciones para servir a los demás, no a sí mismos, y mientras lo hacen, se ganan el derecho de ser respetados.

Los líderes siervos son respetables cuando sus vidas son consistentes. El respeto se gana como resultado de un comportamiento constante durante un largo período de tiempo. Los líderes siervos no buscan éxito o popularidad instantánea. Comienzan con el objetivo en mente y se centran en los resultados a largo plazo en lugar de ganancias a corto plazo. Reconocen que un momento de imprudencia puede arruinar años de coherencia, por lo que protegen sus vidas contra los pecados secretos que eventualmente aparecerán y destruirán su respetabilidad. Están dispuestos a modelar constantemente el camino día tras día, año tras año.

José, el esposo de María, proporciona un ejemplo bíblico de un hombre respetable. Él es descrito como un hombre "*justo*" (Mateo 1:19). Cuando se enfrentó a lo que parecía un pecado evidente en María, determinó actuar de acuerdo con sus principios y también de una manera que la honraría en lugar de simplemente expresar sus propios sentimientos. Cuando Dios lo dirigió a continuar su relación, se quedó con ella desinteresadamente a un gran costo para su reputación personal. Su obediencia constante a las instrucciones de Dios le permitió aprobar la lista de verificación de control de calidad como un líder respetable. Su vida nos llama a cada uno de nosotros a reflexionar por un momento para preguntarnos si somos líderes dignos de respeto.

Para mayor reflexión y discusión:

1. Reflexione sobre las decisiones que tomó en la última semana. ¿Se hicieron basados principalmente en principios o sentimientos?

2. ¿Qué resultados produjeron en mi liderazgo y qué puedo aprender de esto?

3. ¿Cuáles son los cinco principios rectores más importantes en mi vida?

   ¿Son consistentemente claros para quienes me rodean?

4. ¿Qué he hecho en mi liderazgo en el último mes para centrarme en las necesidades de los demás en lugar de en mis propios deseos?

5. ¿En qué medida modelo la coherencia con mi vida?

6. ¿Estoy enfocado en ganancias a largo plazo o ganancias a corto plazo?

7. ¿Hay pecados secretos en mi vida que, de ser expuestos, disminuirían mi influencia? Si es así, ¿qué debo hacer al respecto?

44. GARANTÍA DE CALIDAD: SER HOSPITALARIO

La siguiente instrucción que Pablo le da al joven Timoteo acerca del tipo de líderes que son dignos de ser llamados líderes siervos es *"hospitalario"* (1 Timoteo 3: 2). Ser hospitalario es ser amable y acogedor con los extraños o invitados. ¿Lo qué ocurre en el mundo, lo que sucede en casa tiene que ver con el liderazgo? Pablo reconoce que la hospitalidad revela al menos tres cosas en el corazón de un líder, cada una de las cuales es esencial para los líderes siervos.

La hospitalidad muestra una voluntad de ser transparente. ¡Invitar a alguien a su casa es un acto riesgoso de vulnerabilidad! En el momento en que abres la puerta a un invitado y lo invitas a tu casa, aprenden a conocerte en un nivel mucho más profundo de lo que nunca lo harían en público. Observarán la forma en que interactúas con tu esposa e hijos. Ellos notarán qué libros y revistas lees. Obtendrán una idea de sus valores mientras interactúan con usted en el hogar. Si no está dispuesto a ser transparente, limite su liderazgo a la oficina o a la arena pública. Es mucho más fácil esconder quién eres realmente en público que en casa.

La hospitalidad demuestra un corazón de servicio.
¡La hospitalidad es mucho trabajo! Incluso si solo se trata de una comida sencilla, la hospitalidad implica la preparación, la limpieza, el lavado de los platos y luego centrarse en las necesidades y los deseos de los visitantes. Si sus visitantes permanecen en su hogar durante la noche o durante un período de tiempo más prolongado, la hospitalidad puede implicar mover a los niños para dejar espacio para los visitantes, preparar camas, cambiar su horario de la mañana y limpiar después de que se vayan. Si no tienes el corazón de un siervo, ¡no traigas gente a casa! Es mucho más fácil reunirse con ellos en un restaurante o cafetería y comer juntos.
La hospitalidad revela un espíritu de generosidad. La hospitalidad es costosa. Le costará el tiempo que lleva preparar, entretener y servir. También costará dinero, es probable que gaste más en una comida especial o al menos compartir lo que tiene. La generosidad no es tanto una cuestión de cuánto posees, sino de cuánto estás dispuesto a soltar. Algunas de las personas más generosas que conozco tienen muy poco materialmente, pero son ricas en generosidad, y lo expresan compartiendo libremente lo que tienen. Si no está dispuesto a compartir, ¡no invite a las personas a su casa! Es mucho más fácil retener que dar.

Un ejemplo bíblico de un líder siervo que demostró hospitalidad es el relato de Simón, el curtidor. Lucas registra la historia de cómo este trabajador en una vocación despreciada recibió al apóstol Pedro en su casa por "*muchos días*" (Hechos 9:43). No tenemos idea de cuántas comidas le sirvieron a Pedro durante este tiempo, pero sí sabemos que no solo disfrutó del dormitorio y la cocina de Simón el curtidor, sino que también tuvo acceso al techo donde fue a orar. Además, un día llegaron tres desconocidos y Pedro, él mismo un invitado, ¡los invitó a pasar la noche! ¡Otra comida y tres camas más! ¿Cómo responderías a ese tipo de invitado? No sabemos nada más sobre la fe, el liderazgo o las credenciales académicas de Simón. Pero cuando abrió su puerta a Pedro, ¡Dios abrió la puerta de la fe al mundo de los gentiles! Simón pasó la lista de control de calidad para un líder siervo debido a su hospitalidad. Es probable que Pedro lo recordara cuando escribió más tarde, *Ofrézcase hospitalidad sin quejarse* (1 Pedro 4: 9). ¿Cómo califica en esta área oculta de liderazgo? Tómese su tiempo para reflexionar sobre las siguientes preguntas... ¡e invite a alguien a su casa hoy mismo!

Para mayor reflexión y discusión:

1. ¿Cuándo fue la última vez que invitó a alguien a su casa para una comida? Para pasar la noche ¿Encuentras fácil o difícil ser hospitalario? ¿Por qué?

2. ¿Qué es lo más difícil para usted en la práctica de hospitalidad? ¿La transparencia, el servicio o la generosidad?

3. Pase un momento pidiéndole a Dios que le revele lo que quiere cambiar en esta área.

4. ¿Cómo fomenta o desalienta en su cultura la hospitalidad?

5. ¿Qué puedes hacer como seguidor de Jesús para cultivar esa cultura en tu hogar?

6. Reflexiona sobre Hebreos 13: 2. ¿De qué manera te está invitando Dios a responder en obediencia?

45. GARANTÍA DE CALIDAD: SER CAPAZ DE ENSEÑAR

La lista de verificación de calidad de Pablo para Timoteo llama a los líderes que son *"capaces de enseñar"* (1 Timoteo 3: 2). Muchos asocian esta habilidad con solo unas pocas personas seleccionadas que están dotadas y llamadas a hablar y enseñar en público. Pero Pablo está convencido de que todos los líderes deberían tener esta habilidad. Él está de acuerdo con el escritor de Hebreos que nos dice a todos, *a estas alturas ya deberían ser maestros* (Hebreos 5:12). Pablo reconoce que el enseñar es para cada líder siervo porque revela cuatro pasiones clave de su corazón.

Ser capaz de enseñar revela un amor por el aprendizaje. Los maestros efectivos son aprendices apasionados. Reconocen que antes de poder enseñar a otros, necesitan aprender primero. Este aprendizaje puede ser formal o informal, pero los líderes que pasan la prueba de control de calidad *"capaz de enseñar"* siempre están aprendiendo y creciendo. Están ansiosos por leer, asistir a capacitaciones y aprender de otros que están por delante de ellos en el viaje. Están dispuestos a invertir el tiempo y los recursos necesarios para aprender. El amor por el aprendizaje requiere pensar, reflexionar, evaluar y digerir la información. A los líderes siervos les encanta aprender no simplemente para impresionar a otros con sus conocimientos o credenciales, sino porque se ven a sí mismos como administradores de la mente que Dios les ha dado. Ellos tienen una pasión para aprender todo lo que pueden para que glorifiquen a Dios convirtiéndose en todo lo que Dios creó para ellos.

Ser capaz de enseñar revela amor por los demás. Los maestros no solo son apasionados por el crecimiento personal, sino que desean transmitirlo a otros para verlos crecer y desarrollarse. Los líderes cuyos motivos son egoístas aprenderán y crecerán para su propio beneficio. Pero el amor de los líderes siervos por los demás los motiva a desarrollar su capacidad de enseñanza para que puedan ayudar a otros a crecer. Reconocen que su liderazgo es una confianza sagrada de Dios para el bien de los demás y desean profundamente que aquellos que están bajo su liderazgo aprendan a crecer también.

Ser capaz de enseñar revela un amor por la comunicación. No todos los líderes serán hábiles o dotados en el área de la comunicación pública. Pero todos los líderes siervos tienen una pasión para comunicar bien a los demás lo que Dios les ha enseñado. Una madre en el hogar toma tiempo con una taza de té para comunicarse con un vecino lo que ha aprendido sobre la crianza de los hijos. Los gerentes corporativos encuentran líderes emergentes y los entrenan para navegar por el sistema. Los pastores se preparan para enseñar como una forma de comunicarse con los demás lo que Dios les ha enseñado a través de su estudio y experiencia. Los líderes siervos son apasionados por comunicarse con los demás y continuamente buscan ser más efectivos en esta habilidad.

Ser capaz de enseñar revela un amor por la transformación. Los maestros efectivos reconocen que el objetivo de la enseñanza no es transmitir información sino transformar la vida. Toman en serio el mandamiento de la Gran Comisión, "*enseñándoles a obedecer*" (Mateo 28:19). Los líderes siervos son apasionados por producir cambios en las vidas de quienes los siguen y agudizan sus habilidades de enseñanza en un esfuerzo por ver que se produzca una transformación cada vez mayor.

Esdras era un líder bíblico que era capaz de enseñar. Una breve descripción de su vida proporciona gran cantidad de información para todos los líderes siervos. *Esdras se había dedicado por completo a estudiar la ley del Señor, a ponerla en práctica y a enseñar sus preceptos y normas a los israelitas* (Esdras 7:10). Note la progresión: Esdras primero estudió, luego obedeció, y luego enseñó a otros el cómo hacerlo. Así como su propia vida fue transformada, el modelo a otros. Él enseña a todos los líderes siervos a no enseñar sin estudio que produzca transformación. Pero también nos desafía después de la transformación para enseñar a otros. Tómese un momento para calificar su liderazgo en el área de la enseñanza.

Para mayor reflexión y discusión:

1. ¿Qué estoy haciendo para aprender y crecer esta semana?

   ¿En este último mes?

2. ¿Qué libros estoy leyendo y a qué seminarios asistí?

3. ¿Me estoy reuniendo con un mentor que me ayude a crecer? Si no, ¿quién sería un buen mentor para mí?

4. ¿Estoy creciendo en sabiduría, en la capacidad de aplicar lo que estoy aprendiendo a las situaciones de la vida?

5. ¿Cuál es mi actitud hacia aquellos a quienes lidero?

   ¿Soy un apasionado de su crecimiento?

p. 199

6. ¿Deseo verlos desarrollar sus propias habilidades y capacidades?

7. ¿Mi deseo de crecimiento es debido a mi amor por ellos o es simplemente porque quiero que ellos me ayuden a lograr mi visión?

8. ¿Qué tan efectivo soy en comunicar a otros lo que Dios ha enseñado?

¿Estoy creciendo en esta área?

¿Soy más efectivo en entornos públicos o privados?

9. ¿Qué transformación veo en las vidas de aquellos a quienes guío?

10. ¿Hay formas en que pueda crecer como maestro que resultará en una mayor transformación en sus vidas?

46. GARANTÍA DE CALIDAD: NO DADO A LA EMBRIAGUEZ

La lista de calificaciones de Pablo a continuación menciona que el líder "*no es dado a la embriaguez*" (1 Timoteo 3: 3). Parece obvio que Pablo no quiere ver a los líderes tambaleándose después de beber demasiado alcohol. Pero su declaración debería hacer que incluso aquellos que no beben alcohol piensen más profundamente sobre lo que está diciendo. ¿Cuál es la preocupación subyacente de Pablo y qué tiene que ver con el liderazgo de servicio? Los líderes siervos reconocen y evitan tres peligros distintos del alcohol.

Los líderes siervos se resisten a las influencias negativas. A menudo describimos a una persona que bebe alcohol como "bajo influencia". El uso de alcohol influye negativamente en la capacidad física y mental del que bebe. El juicio se ve afectado y a menudo se toman decisiones tontas debido a esta influencia. Los líderes siervos se dan cuenta de que están llamados a ser influyentes y por lo tanto, guardan cuidadosamente lo que los influencia. Protegen sus relaciones con personas que impactan sus actitudes y acciones. Protegen sus ojos de imágenes, películas e imágenes que los llevarán en la dirección incorrecta. En lugar de estar bajo la influencia del alcohol, buscan estar cada vez más bajo la influencia del Espíritu Santo (Efesios 5:18). **Los líderes siervos se niegan a cubrir el dolor con adicciones.** El alcohol es una forma efectiva de encubrir el dolor, al menos temporalmente. Muchas personas recurren a la bebida para consolar sus penas. El alcohol se convierte rápidamente en una forma fácil de enfrentar las desilusiones, las relaciones rotas y los profundos sentimientos de inadecuación. El alivio temporal refuerza el comportamiento y se convierte en una adicción. Muchos líderes intentan cubrir el dolor, si no es a través del alcohol, con otras conductas adictivas. Pueden recurrir a la pornografía para lidiar con el dolor de su propia soledad; pueden convertirse en adictos al trabajo para lidiar con el dolor de sentirse insignificante. Pueden sumergirse en deportes, juegos de azar o pasatiempos que adormecen el dolor en sus almas. Los líderes siervos reconocen que las adicciones son un sustituto barato de la sanidad real y eligen en cambio exponer su dolor al Espíritu de Dios que proporciona una sanidad genuina y duradera.

Los líderes siervos rechazan la transformación artificial. El alcohol cambia rápidamente la personalidad de una persona. Las personas tímidas entablan conversaciones con extraños. Las personas tímidas e inseguras se vuelven fuertes y audaces después de algunas bebidas. El alcohol libera de inhibiciones y aparentemente transforma a aquellos que están bajo la influencia. Estas transformaciones, sin embargo, son falsas y temporales. No hay cambio duradero. Por el contrario, Pablo desea que el Espíritu de Dios nos dé valor y nos libre de las cosas que nos deprimen. Los líderes siervos reconocen que la transformación genuina es un producto del trabajo del Espíritu Santo a través del tiempo. Se niegan a aceptar atajos artificiales.

El Rey Asuero es un ejemplo bíblico de un líder que permitió que el alcohol influyera en sus decisiones. En estado de embriaguez, dio una orden tonta y arrogante a su esposa. Cuando ella se negó a obedecer, se enojó y desterró a ella de su presencia. En la pasión del momento se sintió como un hombre de poder y habría sido un buen modelo para un comercial de cerveza contemporáneo. Más tarde, sin embargo, se arrepintió de su inapropiada acción (Lea su historia en Ester 1).

Tómese un momento para reflexionar sobre su propio liderazgo. ¿Qué influencias estás permitiendo moldear?

Para mayor reflexión y discusión:

1. ¿Cuáles son las tres influencias clave que dan forma a mi vida?

2. ¿Qué evidencia ha habido en mi vida en la última semana de que estoy controlado por el Espíritu?

3. ¿Qué influencias negativas necesito eliminar de mi vida?

4. Tómese unos minutos para pedir al Espíritu Santo que revele cualquier adicción en su vida. Identifique cualquier comportamiento que sea un intento de lidiar con el dolor.

   ¿De qué manera quiere Dios traer sanidad total a esa área?

5. ¿Qué áreas de mi vida necesitan transformación?

6. ¿Estoy cooperando con el Espíritu para ver el cambio de esta área o estoy buscando atajos?

47. GARANTÍA DE CALIDAD: NO DEBE SER VIOLENTO SINO AMABLE

Luego, Pablo dirige su atención a un tema de corazón de gran importancia para todos los líderes, *"no violento, sino amable"* (1 Timoteo 3: 3). En esa breve frase, pablo redefine radicalmente lo que significa liderar. La mayoría de las culturas honran a los héroes militares, guerreros que destruyen toda oposición por la fuerza, y honramos a aquellos que se abren paso hacia la victoria. Nuestros héroes nacionales cabalgan caballos galantes o aviones de combate. Tienen poder y lo usan violentamente para lograr sus objetivos. No muchos héroes se caracterizan por la gentileza, pero Pablo nos llama a todos a liderar, no con violencia, sino con gentileza. ¿Qué significa para nosotros liderar de esta manera?

Los líderes amables rinden su propia agenda. Todos los líderes tienen una causa que les da energía para seguir adelante. Tristemente, para la mayoría de los líderes, la causa es la suya. Guían a cumplir sus propias agendas y construir su propio reino. Están llenos del deseo de ver su visión lograda y usar su poder de cualquier manera posible para ver que suceda. Ningún precio es demasiado grande para su visión; están decididos a dejar su huella en el mundo. Desafortunadamente, la marca a menudo se ha hecho con dolor, división, sangre y lágrimas mientras los líderes persiguen violentamente su agenda egoísta. Los líderes cristianos pueden agregar rápidamente una delgada capa de espiritualidad a sus objetivos, pero en la raíz, se trata de sus deseos, no en los deseos de Dios. Pablo llama a los líderes a renunciar a su propia agenda, ceder su liderazgo a la agenda de Dios y reemplazar con gentileza el espíritu violento y agresivo. Esto requiere un profundo quebrantamiento al plan de Dios y el reconocimiento de que todo el poder proviene de él y debe ser usado para sus propósitos. No hay atajo para este tipo de quebrantamiento, ya que exige la entrega de nuestra propia voluntad al Señorío de Jesús. Solo entonces, puede un líder con confianza, pero con cuidado, guiar a otros a cumplir los planes de Dios.

Los líderes amables influyen desde abajo. A primera vista, parecería que los líderes amables no tienen la oportunidad de triunfar en nuestro mundo competitivo. Las palabras de Jesús, *"Bienaventurados los mansos, porque ellos heredarán la tierra"* (Mateo 5: 5) parece imposible para el siglo XXI. Los líderes que ejercen poder y usan la fuerza parecen tener más influencia. Pero Pablo reconoce que como los líderes siervos rechazan la violencia, están en posición de influir desde abajo. Su espíritu gentil refleja una tranquila fuerza de carácter que con el tiempo les permite influir en los demás de maneras más transformadoras que aquellos que utilizan sus posiciones y su poder para influir en los demás. Martin L. King, Mahatma Gandhi y Nelson Mandela son ejemplos recientes de la forma en que los líderes pueden influir sin posiciones y sin violencia.

Los líderes amables luchan solo por los demás. Los líderes siervos no son líderes débiles, pero usan sus posiciones e influencia para luchar por los demás en lugar de luchar por ellos. Usan su influencia para luchar por la rectitud y la justicia. Ellos defienden la causa de la persona sin voz ni influencia. Este es un liderazgo desinteresado y una fuerza suave. Moisés es un ejemplo bíblico de un líder amable. En su juventud trató de cumplir el plan de Dios a través de la violencia, pero más tarde aprendió lo que significaba dirigir con gentileza. Suavemente dirigió la rebelión de Coré, una prueba que habría causado que muchos de nosotros usáramos nuestro poder con fuerza. Clamó a Dios por el bien de incluso aquellos que se opusieron a él y se ganó el título del hombre más manso de la tierra (véase Números 12: 3). Tómese un momento para reflexionar sobre lo que caracteriza a su liderazgo: violencia o gentileza.

Para mayor reflexión y discusión:

1. ¿Mi liderazgo es sobre mí o sobre Dios? (¡No responda esto demasiado rápido!) ¿Ha habido un punto en mi viaje de liderazgo en el que conscientemente entregué mi agenda a la agenda de Dios?

2. ¿Otros describirían mi liderazgo como agresivo o amable? ¿De qué manera ha sido esto evidente en la práctica de mi liderazgo en la última semana?

3. ¿Cuándo fue la última vez que usé mi influencia para luchar por alguien sin voz?

48. GARANTÍA DE CALIDAD: NO DEBE SER PENDENCIERO

Pablo continúa elevando el estándar para los líderes siervos y continúa su lista de verificación de control de calidad al decirle a Timoteo que un líder piadoso no debe ser *"pendenciero"* (1 Timoteo 3: 3). "pendenciero" es una inclinación habitual a estar en desacuerdo y provocar desacuerdo. El escritor de Proverbios describe una imagen colorida de una persona pendenciera, *Con el carbón se hacen brasas, con la leña se prende fuego, y con un pendenciero se inician los pleitos.* (Proverbios 26:21). Desafortunadamente, esto describe la forma en que algunos líderes usan su influencia. En contraste, los líderes siervos promueven la paz al demostrar tres de los frutos del Espíritu enumerados por Pablo en Gálatas 5: 22-23.

Los líderes que promueven la paz demuestran amor. El genuino amor por los demás se expresa a medida que los líderes intentan unir a las personas y resolver conflictos. Los líderes sin amor a los demás promueven conflicto. Usan sus palabras para incitar al conflicto y traer división. Al hacerlo, muestran solo amor por ellos mismos y por su propia causa. No les importan las heridas, la muerte y el dolor que causaran a otros como resultado de sus acciones. Los líderes siervos se preocupan más por el bienestar de aquellos a quienes liderar que ellos mismos. Desean lo mejor para los demás porque los aman. Ellos genuinamente quieren que aquellos a quienes lideran estén en paz consigo mismos y con los demás y cedan sus propios derechos por el bien de aquellos que aman.

Los líderes que promueven la paz demuestran autocontrol. Muchas amistades han sido interrumpidas por personas que no podían controlar su lengua. En una escala mayor, las naciones han sido llevadas a la guerra imprudentemente por líderes que guiados por el odio hacia un, idioma o religión diferente. Ellos avivan la llama de nuestras tendencias pecaminosas que también traen lucha y división. Proverbios dice: *El charlatán hiere con la lengua como con una espada, pero la lengua del sabio brinda alivio* (Proverbios 12:18). Los líderes siervos aprenden a pensar cuidadosamente antes de hablar y controlar su lengua. Controlan su propia ira en un esfuerzo por promover la paz.

Los líderes que promueven la paz demuestran paciencia. Promover la paz requiere mucha paciencia. Los líderes egoístas quieren que se escuche su opinión. Están más preocupados por ganar el argumento que por mantener la relación. Con impaciencia levantan la voz e insisten en escuchados. Los líderes siervos escuchan pacientemente las opiniones de los demás y buscan encontrar un terreno común. No comprometen la verdad pero no son argumentativos. Trabajan pacientemente para unir a las personas. No se dan por vencidos después de un intento fallido. Los líderes siervos reconocen que promover la paz es a menudo un proceso largo y difícil y están dispuestos a pagar el precio.

Un ejemplo bíblico de un líder que evitó deliberadamente las peleas es José, el primer ministro de Egipto. Venía de una familia contenciosa con muchos argumentos y disensiones. Pero paciente y amorosamente promovió la paz. Cuando estaba en el poder, podría haber usado su autoridad para reavivar los errores del pasado, pero se controló por el bien de los demás. Mientras enviaba a sus hermanos a su casa, les dio un consejo que es válido para los líderes siervos hoy, *"¡No peleen en el camino!"* (Génesis 45:24). Hizo todo lo que pudo para evitar disputas.

Para mayor reflexión y discusión:

1. ¿Cuándo fue la última vez que alzaste tu voz en una discusión? ¿Qué indica sobre tu corazón esa actitud?

2. ¿Te describiría tu familia como un pacificador?

¿Y los que trabajan a tu lado?

¿Aquellos que están bajo tu liderazgo?

¿Que necesitas cambiar?

3. Reflexione sobre los siguientes versículos de Proverbios que hablan de peleas. Escuche atentamente lo que Dios está hablando a tu corazón mientras lee y escribe cosas específicas que necesita cambiar. (Proverbios 15:18, 17:14, 17:19, 20: 3, 26:17, 26:20).

49. GARANTÍA DE CALIDAD: NO DEBE SER AMANTE DEL DINERO

A medida que Pablo continúa enumerando lo que espera de los líderes siervos, pasa al siguiente tema sensible sobre el dinero. Un líder de calidad no será "*un amante del dinero*" (1 Timoteo 3: 3). Pablo reconoce que amar el dinero es una tentación poderosa para todos los líderes. Más tarde le dice a Timoteo: *Porque el amor al dinero es la raíz de toda clase de males. Por codiciarlo, algunos se han desviado de la fe y se han causado muchísimos sinsabores* (1 Timoteo 6:10). La principal preocupación de Pablo no es con la cantidad de dinero que tiene un líder, sino con la actitud del corazón que el líder tiene hacia el dinero. Los líderes siervos buscan honrar a Dios en la forma en que usan el dinero y claramente reconocen los malos resultados del amor al dinero.

Los líderes que aman el dinero usan a las personas. Los líderes que aman el dinero se centran en cómo su liderazgo puede aumentar sus ingresos personales para alcanzar sus propios objetivos financieros. Si los seguidores son trabajadores en un negocio o miembros de una congregación, el líder los ve como una forma de prosperar. Son productores de ingresos y fuentes de financiamiento.

Ven a las personas que lideran como un medio para sus fines egoístas. Sin embargo, los líderes siervos ven a las personas a quienes lideran como dones de Dios y los honran invirtiendo en sus vidas para ver cómo se desarrollan. Se enfocan en desarrollar a otros en lugar de usarlos para su propio beneficio.

Los líderes que aman el dinero comprometen su integridad. Los líderes que aman el dinero inevitablemente comenzarán a tomar decisiones basadas principalmente en lo que será más rentable. Comenzarán a tomar atajos, a involucrarse en prácticas comerciales cuestionables y desarrollar amistades basadas en lo que la otra persona tiene que ofrecer financieramente, etc. Estas acciones pueden justificarse fácilmente como normales, ya que muchas otras también están haciendo lo mismo. Sin embargo, los líderes siervos se niegan a comprometer su integridad para obtener ganancias financieras. Toman algunas decisiones que proporcionarán menos ingresos simplemente porque la decisión es correcta. Tratan a los pobres con el mismo respeto que aquellos con mucho dinero.

Los líderes que aman el dinero rechazan a Dios. Esta afirmación puede parecer excesivamente crítica; sin embargo, Jesús deja en claro que entre Dios y el dinero, solo uno será el maestro (Mateo 6:24). Cuando los líderes eligen construir su liderazgo en torno al dinero o las ganancias, inconscientemente han rechazado el gobierno y la autoridad de Dios sobre sus vidas. El dinero se convierte en un ídolo y controla el desarrollo de su liderazgo, las decisiones que toman y la forma en que se relacionan con los demás. Los líderes siervos reconocen esta realidad y conscientemente buscan primero el Reino de Dios, no ganancia material. Aprenden a estar contentos con lo que tienen, se ven a sí mismos como administradores de todo lo que Dios les ha dado, y entregan sus finanzas al Señorío de

Jesús. Dan generosamente, y cuando lo hacen son liberados de la tiranía del amor al dinero.

La triste historia de Ananías y Safira (Hechos 5: 1-10) sirve como un ejemplo bíblico del peligro de amar el dinero. Irónicamente, en medio de un acto de dar, esta pareja era culpable de amar el dinero. Exteriormente a ellos parecía bien, pero deseaban usar el dinero para ganar el favor y el respeto de los demás. Comprometieron la verdad en su informe a Pedro y trágicamente perdieron sus vidas como resultado. Su muerte repentina debería hacer que cada uno de nosotros haga una pausa y nos preguntemos si hay formas en que nuestros propios corazones reflejen el amor al dinero.

Para mayor reflexión y discusión:

1. ¿Hay alguna de las siguientes señales de advertencia del amor al dinero en mi vida y liderazgo? Si es así, ¿qué pasos correctivos debo tomar?

   Veo a las personas que lidero como fuentes de ingreso para mí.

   Trato a las personas de manera diferente en función de la cantidad de dinero que tienen.

   Tomo decisiones basadas en posibles pérdidas o ganancias más que si es correcto o incorrecto.

   Me resulta difícil dar sacrificialmente.

   No experimento genuina satisfacción con lo que tengo.

2. Reflexiona sobre las siguientes escrituras. (Mateo 6:24, Lucas 12:15, 16: 13-14, Hebreos 13: 5, Filipenses 4:12, 1 Timoteo 6: 9-10) ¿Qué está hablando el Señor a tu corazón a través de ellos?

50. GARANTÍA DE CALIDAD: DEBE GOBERNAR BIEN SU CASA

Pablo ya enumeró 11 ítems desafiantes que Timoteo debe de considerar cuando examine la calidad de los líderes. Está cerca del final de su lista y dirige su atención a algo obviamente cercano a su corazón. *Debe gobernar bien su casa y hacer que sus hijos le obedezcan con el debido respeto; porque el que no sabe gobernar su propia familia, ¿cómo podrá cuidar de la iglesia de Dios?* (1 Timoteo 3: 4-5). Pablo se siente tan convencido de la vida familiar del líder que no solo enumera la calidad, sino que brinda una explicación de por qué es tan crítica. Los líderes siervos reconocen que su liderazgo en la esfera pública está conectado con su liderazgo en el hogar.

La familia del líder es preparación para otro liderazgo. Pablo reconoce que el liderazgo de servicio se cultiva en casa. Primero Sucede en las relaciones cercanas y cotidianas de la vida familiar. Tanto los hombres como las mujeres aprenden a liderar al influir primero en aquellos que están más cerca. Liderar en la familia prepara a un líder para liderar a otros. Aprendemos qué es el amor sacrificado e incondicional cuando compartimos la vida en nuestros hogares. La crianza de hijos nos permite desarrollar el corazón de Dios hacia los demás. En casa, todos somos más propensos a permitir que emerjan las expresiones pecaminosas de egoísmo y orgullo. Los líderes siervos permiten a Dios usar estas experiencias para prepararlos para liderar a otros.

La familia del líder pronostica otro liderazgo. Pablo da a entender que la forma en que un líder funciona en casa es el mejor indicador de cómo funcionará en otros roles de liderazgo. Su declaración simple ofrece una alternativa a las costosas pruebas de personalidad diseñadas para determinar si alguien tendrá éxito como líder. El principio de Pablo es que si un líder gobierna con una mano de hierro en casa, es probable que lo mismo sea cierto en la oficina. Si un líder aprende a servir y negarse a sí mismo en el hogar, lo hará naturalmente en otros roles de liderazgo. Si un líder pone su carrera por delante de la familia, llamará a otros para que den lo mejor de sí mismos a una organización en lugar de a la familia. Los líderes siervos se identifican primero en el hogar.

El liderazgo familiar es un requisito previo para otros liderazgos. Pablo habla a los líderes de la iglesia y señala que si un líder no puede manejar a su propia familia, no puede cuidar a las personas en la iglesia. El liderazgo fiel en el hogar es un requisito para un liderazgo exitoso en el trabajo, en la comunidad, en la iglesia o en un negocio. Trágicamente, muchos de nosotros prestamos más atención al desarrollo de nuestro liderazgo en el trabajo que en el hogar. Medimos nuestro éxito de liderazgo por la rapidez con la que ascendemos en las escalas organizacionales. Pablo nos llama a reexaminar nuestras prioridades. Los líderes siervos hacen que su liderazgo en el hogar sea una prioridad.

El estándar de Pablo puede parecer realmente alto y demasiado estrecho para la sociedad moderna. Las palabras fuertes de Pablo sobre nuestras familias no implican que si un niño se rebela, nos descalifiquen rápidamente por el liderazgo. Pero su preocupación por nuestro liderazgo en casa debería hacer que cada uno de nosotros haga una pausa y observe más de cerca lo que está sucediendo en nuestro liderazgo en casa.

La Biblia está llena de ejemplos de líderes que tuvieron éxito y fracasaron en casa. David es quizás el ejemplo más claro de un líder que parecía tener éxito en cada esfuerzo excepto en casa. Amaba y adoraba apasionadamente a Dios y lideraba con un gran corazón y excelentes habilidades de liderazgo (Salmo 78:72). Pero su escaso liderazgo en casa empañó su otro gran récord. Sus propios fracasos morales comenzaron con Betsabé y perdió un hijo a través de esa tragedia. Permitió que la violación de su hija no se controlara y como resultado cosechó la rebelión y la muerte de su hijo Absalón, y la casi pérdida del reino. Nos recuerda a todos que la verdadera prueba de nuestro liderazgo no está en el trabajo sino en casa.

Tómese un momento para reflexionar sobre la forma en que dirige su hogar respondiendo las preguntas a continuación.

Para mayor reflexión y discusión:

1. ¿De qué manera su liderazgo en el hogar modela la forma en que lidera a los demás?

2. ¿Qué lecciones de liderazgo han sido más importantes para que aprendas en casa?

3. ¿Cómo describiría mi familia el liderazgo que desarrollo? ¿Usarían palabras amorosa, compasiva o palabras duras y críticas?

4. Piensa en una situación reciente y difícil en casa. ¿Cómo lideró a su familia a través de esta situación? ¿Expresaste liderazgo de servicio o liderazgo egoísta en esta situación?

5. ¿Qué has hecho recientemente para fortalecer tu liderazgo en casa? ¿Estás leyendo libros, asistiendo a seminarios o hablando con un mentor para mejorar el liderazgo en casa?

51. GARANTÍA DE CALIDAD: NO DEBE SER UN RECIÉN CONVERTIDO

Pablo continúa su lista de control de calidad para Timoteo al señalar que los líderes elegidos *no debe ser un recién convertido, no sea que se vuelva presuntuoso y caiga en la misma condenación en que cayó el diablo* (1 Timoteo 3: 6). A primera vista, puede parecer que Pablo está en contra de los líderes jóvenes. Sin embargo, está escribiendo estas palabras a Timoteo, un líder joven. Timoteo, aunque era joven, había creído en Cristo durante muchos años y no era un converso reciente. Las instrucciones de Pablo no se centran en la edad sino en la madurez en la fe. Las instrucciones de Pablo implican que incluso si un líder experimentado llega a tener fe en Cristo, se necesita tiempo antes de que él o ella esté listo para ser un líder siervo. Pablo reconoce que la madurez del liderazgo no se desarrolla automáticamente con el tiempo, pero no puede desarrollarse sin él. El tiempo proporciona experiencia que permite a los líderes madurar y desarrollarse. No hay atajos ni formas de acelerar el proceso. Lo único que se puede hacer es usar efectivamente el tiempo para producir la máxima madurez. Los líderes siervos hacen esto de varias formas. **Los líderes siervos usan el tiempo para reflexionar sobre sus experiencias.** Los líderes ganan experiencia automáticamente con el tiempo; la pregunta es qué hacen con esa experiencia. Los líderes siervos aprenden la disciplina de la reflexión para convertir sus experiencias en sabiduría. Usan el tiempo de la reflexión para aprender de sus errores y éxitos. Al reflexionar, pueden identificar las deficiencias personales en el carácter y pedirle a Dios que las cambie. Identifican debilidades en la competencia y desarrollan planes para fortalecer sus habilidades. Al reflexionar, aprenden a escuchar la voz callada de Dios dando dirección. Toman tiempo para reflexionar porque desean maximizar su experiencia para la gloria de Dios. Los líderes inexpertos a menudo siguen corriendo impulsivamente con poco tiempo para detenerse y reflexionar.

Los líderes siervos usan el tiempo para obtener nuevas experiencias. Los líderes siervos reconocen que el tiempo es un regalo precioso de Dios para permitirles llevar a cabo la visión que Él les ha dado. Ven cada día como una oportunidad para crecer y obtener una nueva experiencia que les permita cumplir esa visión de manera más completa. Reconocen que el plan de crecimiento de Dios exige que continuamente estiren su propia capacidad para liderar. Se niegan a estar satisfechos en su zona de confort. Reconocen que si no están creciendo en la obtención de nuevas experiencias en el liderazgo, un líder mucho más joven pronto superará su madurez. Los líderes sin experiencia rápidamente dejan de crecer y esforzarse.

Los líderes siervos usan el tiempo para compartir sus experiencias. Los líderes siervos no están simplemente interesados en construir su propio potencial de liderazgo; su enfoque es servir a los demás. Quieren construir en la próxima generación lo que Dios les ha enseñado y encontrar activamente formas de hacerlo. Esto sucede a veces de manera informal; otras veces en eventos de oratoria pública, escribiendo o publicando deliberadamente sobre su experiencia. Los líderes inexpertos pasan por alto las oportunidades de invertir en la próxima generación. El mismo Pablo es un gran ejemplo de un líder siervo que no fue un converso reciente. Se tomó 3 años en el desierto antes de cualquier acto de liderazgo. Continuamente reflexionó sobre su liderazgo y reconoció que aún no había obtenido todo esto. Continuamente anhelaba más con una visión de las "regiones más allá". Invertía continuamente su vida y experiencia en líderes más jóvenes, incluido este pasaje que escribió a Timoteo (véase Gálatas 1:18, Filipenses 3:12, 2 Corintios 10:16). Y 2 Timoteo 2: 2). Usó el tiempo para construir madurez en el liderazgo.

Tómese un momento para reflexionar si su madurez en el liderazgo equivale al tiempo que ha seguido a Jesús.

———⁓⁓⁓ ◆ ⁓⁓⁓———

Para mayor reflexión y discusión:

1. ¿Incorporas tiempo de meditación en tu programación?

   Si no, ¿qué debe cambiar?

   Si es así, ¿qué ha estado aprendiendo sobre el liderazgo en los últimos 3 meses?

2. Reflexiona sobre algún error que ha cometido en el liderazgo. ¿Qué aprendiste de esa experiencia?

   ¿Has hecho cambios en tu liderazgo para evitar repetir ese error?

3. ¿Qué nuevos desafíos en el liderazgo ha enfrentado en los últimos 6 meses y cómo ha respondido a ellos?

   ¿Los has usado como oportunidades para crecer y desarrollar tu capacidad de liderazgo?

4. ¿Hay oportunidades en el liderazgo que usted no ha aceptado antes simplemente porque requerirán mayores niveles de compromiso y sacrificio?

   Si es así, ¿qué te llevará a salir de tu zona de confort?

p. 224

5. ¿Has invertido deliberadamente en la vida de un líder más joven, compartiendo libremente tu experiencia con ellos?

   Si no, ¿qué es lo que Dios te invita a hacer en esta área?

6. ¿Hay oportunidades que Dios te ha dado para compartir tu experiencia con otros y lo has rechazado? (Esto podría ser oportunidad para hablar o compartir públicamente con el grupo, una oportunidad para escribir o enseñar formal o informalmente).

   Si es así, reflexione sobre por qué perdió esta oportunidad y qué necesita cambiar.

7. Si eres un líder joven, ¿qué estás haciendo para aprender deliberadamente de aquellos que tienen más experiencia que tú?

52. GARANTÍA DE CALIDAD: DEBE TENER BUENA REPUTACION CON LOS DE AFUERA

Pablo termina su lista de calificaciones para líderes siervos cuando le dice a Timoteo: *Se requiere además que hablen bien de él los que no pertenecen a la iglesia, tenga buen testimonio de los de afuera. Para que no caiga en descrédito y en la trampa del diablo* (1 Timoteo 3: 7). Las instrucciones de Pablo implican que la verdadera prueba de nuestra capacidad de liderazgo no es con aquellos que están de acuerdo con nosotros, sino con aquellos que son "de afuera" o aquellos que no están de acuerdo con nuestra fe. Esto no hace que la popularidad sea una condición del liderazgo de servicio. Tampoco implica que nadie critique o rechace nuestra posición, especialmente cuando nos pronunciamos sobre temas poco populares. Pablo mismo se enfrentó a una oposición intensa. Pero significa que de todas las maneras posibles, los líderes siervos viven de manera que construyen buena reputación con aquellos que no comparten sus puntos de vista y su fe. Construyen buena reputación de varias maneras.

Un líder siervo construye una buena reputación con integridad. Los líderes siervos se niegan a comprometer los estándares de Dios en la forma que usan su dinero, su poder o sus relaciones. Esta integridad, en un mundo donde el soborno, la mentira y la infidelidad son comunes, hace que la vida del líder siervo brille como una luz en la oscuridad. Ellos modelan 1 Pedro 2:12, *Mantengan entre los incrédulos una conducta tan ejemplar que, aunque los acusen de hacer el mal, ellos observen las buenas obras de ustedes y glorifiquen a Dios en el día de la salvación.* Los forasteros pueden responder con abucheos o con ataques feroces, pero reconocen que el líder siervo es intachable.

Un líder siervo crea una buena reputación con consistencia. Una buena reputación se construye solo con el tiempo. Los líderes siervos siguen haciendo lo que deben hacer día tras día, semana tras semana y año tras año. No les preocupan las ganancias a corto plazo, sino que se enfocan en la consistencia a largo plazo.

Un líder siervo construye una buena reputación con amor. La prueba real para los líderes siervos no es solo en sus acciones en relación con los de afuera, sino en su actitud de corazón hacia ellos. Los líderes naturalmente tienen opiniones firmes y han aprendido cómo comunicarlos efectivamente a otros. Pero el corazón de un líder se revela cuando se relaciona con personas que no están de acuerdo. Es fácil ver a los que no están de acuerdo con nosotros como el enemigo, como incorrectos, de alguna manera menos valiosos. Pero los líderes siervos ven a estos "los de afuera" con amor. Están tan preocupados por la relación como por tener razón. Muestran moderación incluso cuando son provocados por acusaciones falsas o calumnias. Buscan oportunidades para hablar cara a cara. Ellos reconocen el *porqué el amor cubre multitud de pecados* (1 Pedro 4: 8).

La integridad, frecuentemente practicada en un espíritu de amor, construye una buena reputación incluso con "los de afuera". Al hacerlo, los líderes siervos evitan caer en la adversidad y la "trampa del diablo" que puede socavar rápidamente la capacidad de los líderes para influir para siempre.

Timoteo mismo sirve como un ejemplo bíblico de un líder que tenía una buena reputación con los demás. Antes de que Pablo lo seleccionara para ser un miembro de su equipo, Lucas registra que *los hermanos en Lystra e Iconium hablaron bien de Timoteo* (Hechos 16: 2). El padre de Timoteo era un incrédulo, pero permitió que Timoteo se uniera a este equipo misionero que continuamente representaba a Cristo en lugares donde la iglesia no existía.

Con esto, la lista de Pablo está completa. Él establece un alto estándar para aquellos que lideran como seguidores de Jesús. Si bien ninguno de nosotros está a la altura del estándar, resistamos la tentación de bajar el estándar. Más bien, únanse a mí para pedirle a Jesús que nos convierta en líderes de la más alta calidad, ya que lo representamos en nuestro lugar de influencia.

Para mayor reflexión y discusión:

1. ¿Quiénes son los "los de afuera" en mi vida y liderazgo?

   ¿De qué manera Dios me ha dado la oportunidad de influenciarlos?

   ¿Qué tipo de reputación tengo actualmente con ellos?

2. En una escala del 1 al 10, ¿cuán consistentemente he representado a Jesús a estos "extraños"?

3. Cuando las personas no están de acuerdo con mi posición o visión, ¿cuál es la actitud de mi corazón hacia ellos?

   ¿Cómo se expresa esa actitud?

4. Acude a alguien que consideres "los de afuera" que sabes que tiene opiniones significativamente diferentes. Pídeles que te cuenten cómo se encuentran ellos. Escuchas su opinión y según corresponda, pídales perdón y comparta su deseo de mostrarles respeto y amor.

EPÍLOGO

Espero que hayas disfrutado el viaje; Ciertamente he disfrutado caminar contigo a través de estas páginas cuando consideramos las opciones, de ser líderes egoístas o lideres siervos. No es fácil tomar las decisiones correctas, pero espero que esté de acuerdo conmigo en que las recompensas del liderazgo de servicio son mucho mayores que el costo. Qué privilegio es aprender de aquellos que nos han precedido e imitar el ejemplo de Jesús. ¡Sospecho que Él está mucho más involucrado en nuestros viajes de lo que podemos imaginar, y estoy seguro de que tiene mucho más por delante! Sigue liderando como él y haciendo tu parte para impactar nuestro mundo. Pasa al volumen 2 en esta serie.

Tuyo en el viaje,
Jon Byler

ACERCA DEL AUTOR

Jon Byler tiene una pasión por ver a los líderes de la iglesia crecer y desarrollarse en líderes maduros y semejantes a Cristo. Está comprometido con el desarrollo de una alianza mundial de programas de capacitación de liderazgo a través de su rol como Director de LEAD, una parte de la Alianza de Discípulos Globales. Vivió en Thika, Kenia durante 13 años y actualmente reside en Lancaster, Pennsylvania, EE. UU. Él y su esposa Loice son padres de tres hijos. Tiene experiencia como pastor, es autor de varios libros y escribe Boletines Quincenales, "Reflexiones para líderes siervos". (Suscríbete en www.LeadersServe.com)

Libros por Jon Byler:
El Corazón del Líder
El Arte del Liderazgo Cristiano
7 Claves para la Libertad Financiera
Predicando para Cambiar vidas, un libro de texto de Homotética
Usa ese Don, un estudio de los dones espirituales
Pozos, Prisiones y Palacios, un estudio de la vida de José
Pasos hacia la Madurez, un curso de discipulado de 10 lecciones
Libre al Fin, un estudio de liberación
El Cristiano y la Autoridad
Una Iglesia con Propósito, una guía de estudio de la Biblia
Serie basada en *Una Iglesia con Propósito* de Rick Warren

Disponible en español:
El Arte del Liderazgo: Desarrolle habilidades para Liderar el pueblo de Dios
El Corazón del Líder: Aprender a liderar con el Carácter de Jesús

ACERCA DE DISCÍPULOS GLOBALES

Discípulos Globales empodera a grupos de iglesias para equipar a su gente y compartir las Buenas Nuevas de Jesús con las personas menos alcanzadas, a menudo en áreas restringidas. Nos asociamos con la iglesia local, en la ciudad y el campo: creyentes comprometidos que son comunicadores motivados, enfocados y efectivos y que están familiarizados con el idioma, la cultura y las costumbres. Proporcionamos un modelo de capacitación que se puede utilizar para capacitar y enviar a otros creyentes como trabajadores de la misión a multiplicar discípulos semejantes a Cristo y plantar iglesias localmente sustentables entre las personas menos alcanzadas.

Como Discípulos Globales:

- Nuestra **Visión** es ver a **cada persona** tener la oportunidad de **elegir y seguir a Jesucristo**.
- Nuestra **Oración** es que **los discípulos de Jesucristo** de todas las naciones y muchas vocaciones, abracen esta visión y **hagan su parte**.
- Nuestra **Misión** es hacer posible que **grupos de iglesias** multipliquen discípulos semejantes a Cristo y comunidades localmente sustentables en **áreas menos alcanzadas**.
- Nuestra **Filosofía** es que las expresiones locales del Cuerpo de Cristo **en las proximidades** de los pueblos menos alcanzados sean los más capacitados para llegar a ellos, y **todos podemos ayudar**.

ACERCA DE LA ALIANZA DE DISCÍPULOS GLOBALES

La Alianza de Discípulos Globales es una asociación de capacitación transformacional centradas en Cristo, basadas en el discipulado y centrada en la misión. Los programas de entrenamiento en la Alianza comparten esta visión para multiplicar capacitación transformacional en las áreas de discipulado / misión, desarrollo de liderazgo y desarrollo de pequeñas empresas para plantadores de iglesias.

Para obtener más información sobre Discípulos Globales, LEAD o Alianza de Discípulos Globales, visite nuestro sitio web en www.GlobalDisciples.org, o contáctenos en.

Global Disciples
315 W James St., Suite 202
Lancaster, PA. 17603

OTROS LIBROS POR JON BYLER

Todos están disponibles en forma impresa y electrónica en www.Amazon.com

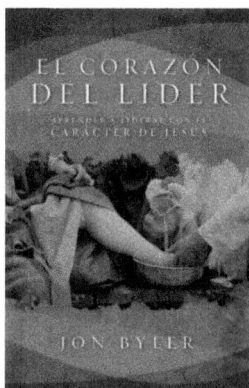

El Corazón del Líder

Este libro se centra en los problemas de carácter para los líderes siervos. Está lleno de ejemplos prácticos de cómo desarrollar el corazón de Jesús en el liderazgo. Las asignaciones para cada capítulo lo hacen ideal para uso individual o grupal

El Arte del Liderazgo Cristiano

Este libro trata sobre los problemas y habilidades en el liderazgo y es una guía práctica para desarrollar las habilidades de liderazgo que necesitan todos los líderes.